浙江省普通高校"十三五"新形态教材
高等学校工程管理专业系列教材

建设工程项目全生命周期管理

杨英楠 主编

中国建筑工业出版社

图书在版编目（CIP）数据

建设工程项目全生命周期管理 / 杨英楠主编. —北京：中国建筑工业出版社，2021.10

浙江省普通高校"十三五"新形态教材　高等学校工程管理专业系列教材

ISBN 978-7-112-26554-1

Ⅰ.①建… Ⅱ.①杨… Ⅲ.①基本建设项目-项目管理-高等学校-教材　Ⅳ.①F284

中国版本图书馆 CIP 数据核字（2021）第 185179 号

建设工程项目全生命周期管理是土木、水利与交通工程等相关专业本科生及研究生的主要专业课之一。本书结合建设工程项目的特点，从全生命周期的角度系统地阐述了建设工程项目管理的基本理论、方法和技术，包括建设工程项目全生命周期质量管理、造价管理、风险管理、集成化管理以及信息化管理等内容。本书可作为土木、水利、交通工程、工程管理等相关专业的本科生及研究生教材，同时可供工程技术人员参考。

为更好地支持相应课程的教学，我们向采用本书作为教材的教师提供教学课件，有需要者可与出版社联系，邮箱：jckj@cabp.com.cn，电话：（010）58337285，建工书院 http://edu.cabplink.com。

责任编辑：张　晶　封　毅
责任校对：刘梦然

浙江省普通高校"十三五"新形态教材
高等学校工程管理专业系列教材
建设工程项目全生命周期管理
杨英楠　主编
*
中国建筑工业出版社出版、发行（北京海淀三里河路9号）
各地新华书店、建筑书店经销
北京鸿文瀚海文化传媒有限公司制版
北京君升印刷有限公司印刷
*
开本：787毫米×1092毫米　1/16　印张：10　字数：242千字
2022年1月第一版　　2022年1月第一次印刷
定价：29.00元（赠教师课件）
ISBN 978-7-112-26554-1
（38089）

版权所有　翻印必究
如有印装质量问题，可寄本社图书出版中心退换
（邮政编码 100037）

前　言

　　建设工程项目是复杂的系统工程，具有投资大、利益相关方众多、技术复杂等特点，建设过程暗藏着诸多不可预见的风险。另外，工程项目的建设周期长，从项目策划到投入使用少则几年，多则十几年，甚至数十年。这么长的建设周期和工程建设的复杂性给建设工程项目管理带来了巨大的挑战。因此，建设工程项目管理需要从整体和系统的角度，也就是，从项目全生命周期的角度来考量。近年来，我国建设工程技术的快速发展对工程质量、工程造价、使用年限、资源的利用等方面都提出了更高的要求，促使全生命周期管理在建设工程领域日益受到重视。

　　本书旨在帮助研究人员、学者、从业者和学生从全生命周期的角度全面地、系统地理解建设工程项目管理的基本理论、方法和技术。独特之处在于每章附带了相应的工程案例分析，帮助读者更好地掌握本章内容。

　　第1章介绍了建设工程项目管理的基本概念和知识体系。通过将建设工程项目全生命周期管理与传统的管理方式对比，阐明了全生命周期项目管理的现实需要；重点介绍了建设工程项目全生命周期各阶段的划分、工作目标和工作内容。

　　第2章介绍了建设工程项目全生命周期质量管理。本章在对我国现行建筑工程质量监管不足之处分析的基础上，讨论了开展建设工程全生命周期质量管理的优势所在。重点介绍了建设工程全生命周期质量管理的目标和任务，质量监管的责任主体，以及工程项目各阶段质量管理的内容。

　　第3章介绍了全生命周期工程造价管理。本章介绍了全生命周期工程造价管理的概念及内涵，重点讨论了建设工程项目全生命周期各阶段工程造价管理的内容，以及建设工程项目全生命周期成本控制的主要分析方法。

　　第4章围绕建设工程项目风险管理展开，从全生命周期的角度对项目风险进行识别、分析、评估。读者在学习本章时，需要全面了解建设工程项目全生命周期风险管理的概念、风险分析的方法，掌握建设工程项目全生命周期各个阶段风险管理的内容。

　　第5章主要介绍了建设工程项目全生命周期集成管理的概念及内涵，探讨了国内外研究现状，重点介绍了建设工程项目全生命周期集成管理的方法和集成系统。通过本章的学习，读者可以了解建设工程项目全生命周期集成管理的内容，同时掌握建设工程项目全生命周期集成管理的方法。

　　第6章围绕建设工程项目信息化管理展开，重点介绍建筑信息模型（BIM）在建设工程项目全生命周期中的应用。读者在学习本章时，需要了解建设工程项目全生命周期信息化管理的概念及内涵，同时需要掌握建筑信息模型（BIM）在建设工程项目全生命周期各阶段的应用。

　　本书由杨英楠负责总体策划、组织和修改定稿。各章编写人员的分工情况为：杨英楠负责全书的内容把控和校正；张一丹负责第2章和第6章的资料收集和整理；袁琳负责第

3 章和第 5 章的资料收集和整理;马远东负责第 1 章和第 4 章的资料收集和整理;刘显杰负责全书的校对。在本书的写作过程中,邹小伟教授给予了耐心指导,浙江大学土木工程管理研究所的研究生帮助收集案例,在此一并表示感谢。

本书可作为高等学校土木、水利、交通工程、工程管理等专业的本科及研究生课程教材,也可作为建筑工程从业人员的参考用书。

目 录

第1章 绪论 1
本章要点及学习目标 1
1.1 建设工程项目管理 1
1.2 建设工程项目全生命周期管理 4
1.3 建设工程项目全生命周期各阶段的主要工作内容 10
1.4 本章小结 22
思考与练习题 22
本章参考文献 22

第2章 建设工程项目全生命周期质量管理 24
本章要点及学习目标 24
2.1 建设工程项目的质量管理体系及存在的问题 24
2.2 建设工程全生命周期质量管理的内涵 26
2.3 建设工程全生命周期的质量监管模式 29
2.4 建设工程项目全生命周期各阶段的质量管理 31
2.5 建设工程项目全生命周期各阶段的质量管理方法 33
2.6 案例分析 45
2.7 本章小结 52
思考与练习题 53
本章参考文献 53

第3章 建设工程项目全生命周期造价管理 56
本章要点及学习目标 56
3.1 全生命周期工程造价管理概述 56
3.2 全生命周期造价管理现状和存在问题分析 58
3.3 建设工程项目全生命周期造价管理的内容 60
3.4 建设工程项目全生命周期成本管理 64
3.5 建设工程项目全生命周期成本控制的分析方法 66
3.6 案例分析 68
3.7 本章小结 79
思考与练习题 79
本章参考文献 80

第4章 建设工程项目全生命周期风险管理 ········· 82
本章要点及学习目标 ········· 82
4.1 建设工程项目风险的概念 ········· 82
4.2 全生命周期风险管理的概念 ········· 84
4.3 建设工程项目全生命周期各阶段的风险管理 ········· 85
4.4 全生命周期风险管理方法 ········· 88
4.5 案例分析 ········· 98
4.6 本章小结 ········· 104
思考与练习题 ········· 104
本章参考文献 ········· 104

第5章 建设工程项目全生命周期集成化管理 ········· 106
本章要点及学习目标 ········· 106
5.1 建设工程项目全生命周期集成化管理的概念及内涵 ········· 106
5.2 建设工程项目全生命周期集成化管理现状 ········· 109
5.3 建设工程项目全生命周期集成化管理的内容 ········· 111
5.4 建设工程项目全生命周期的集成化管理系统 ········· 116
5.5 案例分析 ········· 118
5.6 本章小结 ········· 121
思考与练习题 ········· 122
本章参考文献 ········· 122

第6章 BIM在建设工程项目全生命周期管理中的应用 ········· 124
本章要点及学习目标 ········· 124
6.1 建设工程项目全生命周期的信息化管理 ········· 124
6.2 建设工程项目全生命周期信息化管理的现状 ········· 131
6.3 BIM在建设工程项目全生命周期管理中的应用 ········· 135
6.4 案例分析 ········· 139
6.5 本章小结 ········· 152
思考与练习题 ········· 152
本章参考文献 ········· 153

第 1 章 绪 论

本章要点及学习目标

本章围绕建设工程项目全生命周期管理的基本概念展开，主要介绍了建设工程项目管理的含义和特点，建设工程项目全生命周期管理的特点，全生命周期阶段划分及全生命周期各个阶段的主要工作，并将建设工程项目全生命周期管理与传统的工程项目管理进行对比，阐述了全生命周期项目管理的现实需要。

读者在学习本章时，需要全面了解建设工程项目全生命周期管理的含义及特点，同时需要掌握建设工程项目全生命周期各阶段的划分、各阶段的工作目标、工作内容及各个阶段的主要参与方等内容。

1.1 建设工程项目管理

1.1.1 建设工程项目的含义及特点

1. 建设工程项目的含义

建设工程项目又称土木工程项目或者建筑工程项目，是指在限定资源、限定时间的条件下，一次性完成基本特定功能和目标的整体管理对象[1]。根据中华人民共和国国家标准《建设工程项目管理规范》GB/T 50326—2017，建设工程项目是指为完成依法立项的新建、扩建、改建工程而进行的、有起止日期的、达到规定要求的一组相互关联的受控活动，包括策划、勘察、设计、采购、施工、试运行、竣工验收和考核评价等阶段[2]。

根据《辞海》（2019 年版），建设工程项目的内涵如下：

（1）建设工程是一种既有投资行为又有建设行为的项目，其目标是形成固定资产。建设工程是将投资转化为固定资产的经济活动过程。

（2）建设工程是一次性任务。

（3）一个工程项目范围的认定标准为，凡是属于一个总体设计或初步设计的项目，无论是主体工程还是其附属的配套工程，无论是由一个还是几个施工单位施工，无论是同期建设还是分期建设，都视为一个工程项目。

（4）建设工程是在一定的组织机构内进行，一般由一个组织或几个组织联合完成。

2. 建设工程项目的特点

建设工程项目是以建筑物或构筑物为目标产品，由有明确开工和竣工时间的相互关联的活动所组成的特定过程。除一般项目的特点外，建设工程项目还具有以下特征[3]：

（1）建设工程项目是一次性的过程。该过程有明确的开工和竣工时间，还有过程的不可逆性、设计的单一性、生产的单件性、项目产品位置的固定性等特点。

（2）目标性。建设工程项目具有明确的进度、费用和质量目标，具有明确的目标性。

（3）约束性。建设工程项目受到多方面条件的制约，如工期、资源、质量、当地环境、气象和地质条件，又受到当地经济、社会和文化的影响，所以有一定的约束性[4]。

（4）建设工程项目的实施阶段主要是在露天进行，受自然条件和气候的影响大，往往施工条件较差、组织管理任务繁重。

（5）建设工程项目的生命周期具有长期性。一个项目从策划阶段到竣工交付使用阶段，少则数月，多则数年。

（6）建设工程项目的投入资源多，生命周期长，风险也很大。

（7）复杂性。因为一个建设工程项目一般由一个组织或几个组织联合完成，参与的单位较多，而且项目实施的过程中变化因素、干扰因素较多，所以建设工程项目的管理具有复杂性[5]。

（8）唯一性。建设工程项目具有明确的建设任务，且该任务具有唯一性；因为设计的单一性、施工的单件性和管理的一次性，其产品具有唯一性。任何一个建设工程项目的最终产品也都有其特殊功能和用途。

（9）整体性。建设产品具有整体性，一个建设项目往往是由多个相互关联的子项目构成的系统，其中任意一个子项目的失败都有可能影响整个项目功能的实现。项目建设包括多个阶段，各阶段之间有着紧密的联系，各个阶段的工作都对整个项目的完成产生影响。

1.1.2 建设工程项目管理的含义和特点

1. 建设工程项目管理的含义

国内外对建设工程项目管理的含义有不同的解释，其中典型的几种如下：

（1）英国皇家特许建造学会（The Chartered Institute of Building，CIOB）的定义为：为满足发包方的要求，在从项目概念阶段至完成的全过程中对项目进行全方位的规划、协调和控制，在批准的费用预算内，按要求的质量标准，在约定的时间内建成功能和经济上可行的项目[6]。

（2）《中国工程项目管理知识体系》的定义为：建设工程项目管理是项目管理的一大类，是指项目管理者为了使项目取得成功（实现所要求的功能和质量、所规定的时限、所批准的费用预算），对工程项目用系统的观念、理论和方法进行有序、全面、科学、目标明确的管理，发挥规划职能、组织职能、控制职能、协调职能、监督职能的作用。其管理对象是各类工程建设项目，既可以是建设工程项目管理，又可以是设计项目管理和施工项目管理等[6]。

（3）我国的《建设工程项目管理规范》GB/T 50326—2017中对工程项目管理的定义是："运用系统的理论和方法，对建设工程项目进行的计划、组织、指挥、协调和控制等专业化活动。"一般来说，建设工程项目管理是指为了实现工程项目建设的预期目标，在有限的资源条件下对项目进行全方位、多层次的管理。

建设工程项目管理是涉及项目全过程的管理，它包括：项目前期的策划管理（或称开发管理，Development Management，简称DM）、项目实施期的项目管理（Project Management，简称PM）和项目使用期的设施管理（Facility Management，简称FM）。其中，DM属投资方和开发方的管理工作，FM属项目使用期管理方（可能是业主方，或由业主方委托的设施管理单位）的工作，而PM则涉及项目各参与方的管理工作，包括投资方或开发方（业主方）、设计方、施工方和供货方等。因此，建设工程项目管理不仅是业主方的管理，它还涉及建设工程项目的各个参与单位对工程项目的管理，如图1-1所示。

1.1 建设工程项目管理

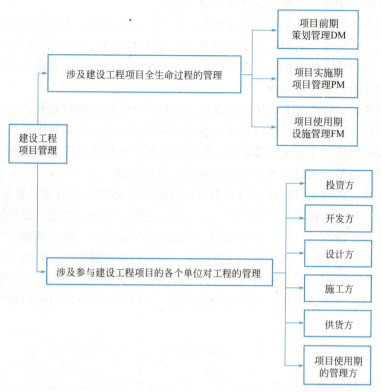

图 1-1 建设工程项目管理的含义[4]

2. 建设工程项目管理的特点

建设工程项目管理是指根据客观经济规律，在一定约束条件下，以实现工程项目为目标，对建设工程项目建设全过程进行合理高效的计划、组织、控制、协调的一种系统管理活动[7]。从内容上看，建设工程项目管理包括了工程项目建设全过程的管理工作（撰写项目建议书—组织性研究设计—进行相关工程设计—从工程施工开始到竣工投产全过程的管理）。从性质上看，建设工程项目管理是固定资产投资管理的微观基础，建设工程项目管理属于投资管理范畴。简言之，建设工程项目建设是利用投资完成具有一定生产能力或使用功能的建筑产品的过程，是国民经济发展计划的具体化，是固定资产再生产的一种具体形式。建设工程项目管理是通过项目的建成投产从而达到将垫付出去的资金回收并获得增值[5]。工程项目管理的具体方式及服务内容、权限、取费和责任等，由业主与工程项目管理企业在合同中约定[8]。工程项目管理是特定的一次性任务的管理，它能够使工程项目取得成功，是与其特点分不开的。一般来说，建设工程项目管理有以下特点：

（1）一次性。建设工程项目的单件性决定了建设工程项目管理具有一次性特征。在建设工程管理过程中一旦出现失误，则很难纠正且会导致严重的后果及经济损失，所以在管理过程中应当尽量避免失误的出现。建设工程项目永久性和项目管理的一次性两大特点使得项目管理的一次性成功成为管理的关键要点[5]。

（2）综合性。建设工程项目管理是一个整体的过程，其中各个阶段界限明显又互相衔接，不可间断。这就注定了建设工程项目管理对象为项目整个生命周期（包括项目可行性研究、勘察设计、招标投标、施工等）。在各个阶段均包含有进度、质量、成本、安全管

3

理等要素。因此，建设工程项目管理是综合性管理。

（3）强约束性。在建设项目管理过程中，成本低、进度快、质量好是建设工程项目管理的主要目标。有限的工期和资源消耗的比例、能否达到既定的功能要求和质量标准等，都使得建设工程项目管理的相关约束条件大大强于其他管理类别。建设工程项目管理是具有强约束性特点的一个管理类别[5]。

（4）周期性。一般情况下，建筑工程施工项目的持续时间相对较长，这也意味着项目管理的时间很长，项目管理工作因此要受到诸多的考验，进而影响到项目管理的水平和质量。建筑工程项目是一个系统性的工程，每个环节都应互相衔接，紧紧相扣，才能保证项目建设的质量与效果，项目管理在其中扮演着重要的角色[9]。

（5）专业性。建设项目的数量与日俱增，且建设规模朝着大型化、复杂化方向发展，多专业协同成为建设工程项目的特点之一。因此，建设工程项目管理有很强的专业性。

（6）协调性。建筑项目的工程量较大，会需要大量的人力、物力资源，施工现场的人员流动性很大，再加之施工场地属于露天位置，项目具有很强的唯一性与周期性，导致施工项目管理工作变得困难。参与项目管理的部门多，人员量大。同时，在项目实施的过程中，会涉及一定的经济、法律、行政与技术元素。所以，项目管理具有协调性的特点。

1.2 建设工程项目全生命周期管理

1.2.1 项目的全生命周期

项目从酝酿分析、计划设计到实施完成的全过程中，各项工作存在一种自然的先后顺序，这个顺序通常被称为项目周期[10]。项目全生命周期将一个项目划分成含有不同内容而又相互联系着的各个阶段，所以也可以将项目的全生命周期看作任何一个项目自身运动的客观规律[11]，即从项目立项，直到竣工投产，收回投资达到预期目标的客观规律。这些项目阶段合在一起称为项目的全生命周期，如图 1-2 所示[12]。

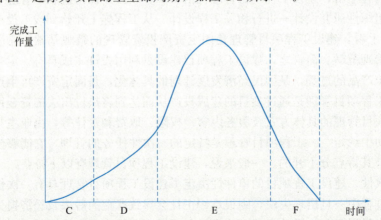

C——概念阶段，包括明确需求、项目构思、调查研究、项目建议书、可行性研究等内容。
D——规划阶段，包括范围确定、方案研究、风险评估、质量标准制定、费用预算等内容。
E——实施阶段，包括建立项目组织、实施激励机制、解决实施中的问题等内容。
F——结束阶段，包括最终产品的完成、评估与验收、文档总结等内容。

图 1-2 项目全生命周期内的典型阶段序列[12]

1.2.2 建设工程项目的全生命周期

建设工程项目的全生命周期类比于人类的出生、成长、成熟、死亡的全生命期,具体是指工程从产生构思、正式立项、勘察设计、工程施工,到交付使用、运营维护、工程改造,直至报废拆除的全部时间跨度。主要包括项目决策、实施和运营三个互相独立、互相联系的阶段。对业主方来说,每阶段分别对应不同的管理,即开发管理(Development Management,DM)、项目管理(Project Management,PM)和设施管理(Facility Management,FM)[13]。在整个工程的生命周期中,决策阶段是工程的孕育阶段,其工作内容包括工程的构思、目标设计、可行性研究和工程评价等。实施阶段是工程实体的形成阶段——通过工程的设计和建设,形成工程的生产功能或服务能力。运营阶段是整个生命期中时间最长的阶段。在这一阶段,工程一方面通过运行实现它的价值;另一方面,工程自身也需要接受维护,并可能需要进行更新改造,以满足不断变化的使用需求。当工程使命完成或者功能丧失后,则进入收尾阶段。该阶段通过实施报废工程拆除、材料回收利用等工作,为新工程的产生提供必要的前提。最终,上述三个阶段共同构成一个完整的工程全生命期的系统过程[14]。从建设工程项目的全生命周期来看,这三个阶段是逐次递进且紧密相关的,构成了一个有机统一整体[15]。目前,国内外对建设工程项目全生命周期的定义主要有以下几种[16]:

1. 我国建筑业对建设工程项目生命期的定义[17]

建设工程项目的生命期包括项目的决策阶段、实施阶段和使用阶段。其中,决策阶段包括项目建议书、可行性研究,实施阶段包括设计工作、建设准备、工程建设及使用前竣工验收等,如图1-3所示。

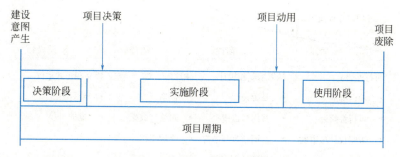

图1-3 我国建筑业对建设工程项目生命期的划分[17]

2. 国际标准化组织(ISO)对建设工程项目全生命期的定义[18]

建设工程项目生命周期划分为建造阶段、使用阶段和废除阶段。其中,建造阶段又进一步细分为准备、设计和施工三个子阶段,如图1-4所示。

3. 英国皇家特许建造学会(The Chartered Institute of Building,CIOB)对建设工程项目生命周期的定义[18]

英国皇家特许建造学会(CIOB)对建设工程项目建设程序的划分基于以下的流程图,如图1-5所示。

1.2.3 建设工程项目全生命周期管理概述

"全生命周期管理"的产生是与"全生命周期费用(Life Cycle Cost,LCC)"这个概念紧密联系在一起的。"全生命周期费用"的概念追溯其源是由美国首先提出的——美国

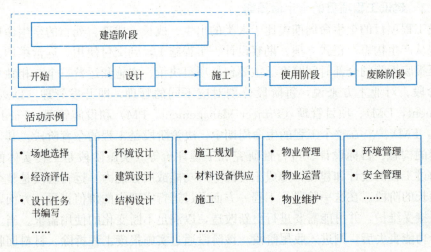

图 1-4 ISO 对建设工程项目生命周期的阶段划分[18]

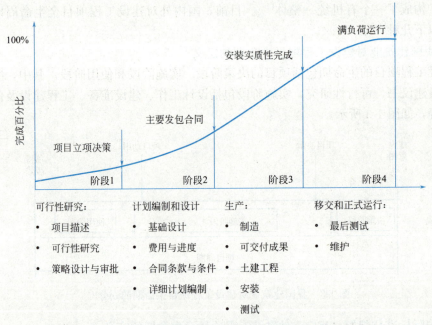

图 1-5 CIOB 建设工程项目生命周期图[18]

国防部从 1966 年就着手对"全生命周期费用"课题进行研究，其主要目的是研究怎样使武器和装备在整个生命周期中的费用最少，现在美国政府规定在供应武器和设备时，必须把生命周期费用指标订立在合同中[19]。后来"全生命周期费用"被应用在设备管理和质量管理上。传入英国后，英国对其作了明确定义："全生命周期费用"是设备一生的总费用，即设备的计划、设计、制造、安装、运行、改装、更新等整个过程所消耗的总费用。1974 年 6 月，英国的 A. Gordon 在英国皇家特许测量师学会《建筑测量》季刊上发表的"3L 概念的经济学"一文[20]，以及 1977 年由美国建筑师协会发表的《全生命周期造价分析——建筑师指南》一书[21]，最早使用"全生命周期工程造价管理"这一名词，并给出了初步的概念和思想，指出了开展研究的方向和分析方法。

"全生命周期管理"的另一个来源是联合国环境规划署提出的"全生命周期评价理论（Life Cycle Analysis，LCA）"，即全生命周期评价是评价一个产品系统生命周期的整个阶段，从原材料的提取和加工，到产品生产、包装、市场营销、使用、再使用和产品维护，直到再循环和最终废物处理的环境影响的工具。对建设工程而言，全生命周期评价即对材料构件生产、规划与设计、建造与运输、运行与维护、拆除与处理全循环过程中物质能量流动所产生对环境影响的经济效益、社会效益和环境效益的综合评价，包括ISO界定的资源利用、人类健康及生态后果三个方面。

建设工程项目全生命期管理是在全面把握工程全生命期系统规律的基础上，通过将工程管理的全部要素在全生命期的维度上整合集成，力求实现工程全生命期系统最优化目标的新管理模式[14]。其核心是从全生命周期的角度，将相互独立的DM、PM和FM在管理理念、管理思想、管理目标、管理组织、管理手段和管理方法等方面进行有机集成，业主方、运营方、开发管理方、项目管理方和物业管理方运用公共的、统一的管理规则和集成化的管理信息系统，对建设目标进行管理和控制[22]。

根据工程全生命期阶段划分，工程全生命期内各阶段的管理工作可分为前期策划管理、工程设计管理、工程建设管理、工程运行管理和工程善后管理；从管理内容上划分，工程全生命期管理包括工程决策管理、工程投融资管理、工程设计管理、工程项目管理、工程造价管理、工程合同管理、工程技术管理、工程质量管理、工程运行维护和健康管理等。

综上所述，建设工程项目前期决策、勘察设计、施工、使用维修乃至拆除处置的各个阶段的管理既相互关联又相互制约，因此，建设工程的全生命周期管理是指以工程的前期策划、规划、设计、建设和运营维护、拆除为对象的管理过程。这些阶段的管理共同构成一个全生命周期管理系统[23]。

1.2.4 建设工程项目推行全生命周期管理的必要

1. 传统建设工程项目管理存在的不足[24]

传统建设工程项目管理存在许多不足之处，主要体现在以下几个方面：

（1）项目管理目标局限

传统的建设项目管理以建设过程为对象，以质量、工期、成本（投资）为核心的三大目标，由此产生了项目管理的三大控制。这种以工程建设过程为对象的目标是短视的、有局限性的，造成项目管理者的思维过于现实和视角太低，同时造成项目管理过于技术化的倾向[25]。因此，传统管理模式没有也不可能以建设项目的运营目标来导向决策和实施，最终用户需求往往从决策阶段开始就很难得到准确、全面的定义，无法实现运营目标的优化[26]。

（2）项目各阶段之间的衔接不好

一个典型建设工程的全生命周期包括项目决策及前期准备阶段、项目实施阶段及项目运营阶段。在全生命周期中的各项活动之间存在着内在联系，前一阶段项目的输出是后一阶段项目的输入，在进行某一阶段工作时，由于实施主体的不同和信息沟通的不充分，亦或是实施者出于自利动机，都可能导致项目这一阶段的活动很难完全吸收前一阶段的工作成果，实施者也很少会考虑对后一阶段工作的影响。例如，设计阶段，设计师们主要依据建设单位提出的设计要求和国家相关设计法规进行设计,极少将施工便利性作为一个外部约束条件,有时甚至还会出现设计方案极不易于施工的情况。

(3) 项目管理的各目标要素之间缺少必要的关联

项目管理的各目标之间存在着较强的制约与联系,如进度与质量、成本、功能之间有很强的相关性,质量要求越精细,成本要求越低,功能要求越多,则进度越慢;成本与质量、进度、安全负相关;质量与成本、进度大多情况下负相关。但在建设工程管理实践中,各目标要素之间缺少必要的关联,管理者在确定目标时往往独立考虑目标的要求,忽视其内在联系,导致项目单独目标最优而缺失整体最优。

(4) 项目各参与方各自追求利益最大化

对同一项目,各参与人出于自利,倾向于根据自身在实现目标中所承担的责任大小来确定目标的优先顺序,将自己主要职责范畴内的目标列为优先目标,而将协调他人完成的目标列为次要目标。项目参与方之间由于目标的不一致性产生相互制衡的现象,导致组织关系紧张,工作效率低下,抑制各方的积极性和创造性,大量的费用、时间和精力被消耗在各种工作界面的协调上。如建设工程的业主与承包方之间存在着利益冲突,在满足功能、质量、进度的前提下,业主追求投资越小越好,这与承包方追求利润最大化就有着根本性的冲突。不仅在各参与方之间存在着目标差异,在同一参与方的部门之间同样也存在着目标差异。不同职能人员根据所承担的责任不同,对目标的优先次序也不同,并且通常会倾向于牺牲其他部门的目标而极力设法完成自己职责范围内的目标。例如,安全员的主要职责是施工过程中的安全控制与文明施工,安全员自然会希望加大安全设施的投入,以降低安全风险,而对于是否会造成过度投入或是对施工进度产生不利影响,则较少关心。参与方、部门或人员的自利引起的目标差异,常导致短期利益与局部利益倾向,而不利于项目总体目标实现。

(5) 项目各专业间的合作不佳

设计过程中的专业割裂:在设计过程中,建筑、结构、给水排水、暖通空调、强弱电五大专业设计人员间常常因沟通不畅而出现各专业"打架"现象,但很多设计问题往往在施工阶段才开始显现出来,当发现问题时,有些部位已经施工完毕,返工不仅增加成本,还拖延工期,甚至于有些专业矛盾可能已根本无法解决。

施工过程中的专业割裂:在施工过程中,特别是在安装阶段,四大专业工序之间存在着错综复杂的内在制约与联系,且涉及众多的分承包商,经常会出现工作界面不协同的现象。特别是在工期紧的情况下,为了各自的按期完工,很容易出现各自为战而不顾工序之间内在联系的现象,造成成品的交叉污染甚至是破坏。

(6) 各参与者之间的信息交流与沟通不畅

一个大型建设工程项目通常由成百上千家参与者来完成成千上万道工序或活动,而每一道工序或活动的顺利实施都依赖于大量的信息,因此,信息的获取存储和分析处理以及各参与者之间的有效沟通就对项目目标的实现起着至关重要的作用,是决定一个项目能否成功的关键。对于大型建设工程项目而言,参与者、工序、活动的数量庞大所带来的复杂性,增加了信息的数量,同时也增大了信息管理的难度和重要性。而实际上,传统项目管理却缺乏高效的信息交流与沟通机制。信息交流与沟通是实现复杂建设工程项目协同管理的手段,在达成共同目标这一愿景的前提下,这一手段显得特别重要,决定着管理协同的成败。

综上所述，在传统建设工程项目管理模式下，项目实施过程是孤立的、缺乏系统化的整体思想，项目分工过细、协调难度大、交易成本高，项目实施过程不连续、参与者仅注重局部利益、无法实现全面的优化，严重影响了项目整体目标的实现，成为我国建设工程项目管理要解决的一个重点内容[16]。

2. 建设工程项目全生命周期管理的现实需要

对以上诸多的问题和弊端分析可以看出，必须对传统的管理模式进行革新，将全生命周期管理理念引入建设工程项目管理过程中，只有这样，才能实现建设工程项目价值的最大化和各参与方利益的最大化。另外，建设工程项目的价值是通过建成后的运营来实现的。不以全生命期管理为目标导向会导致建设工程项目全过程的不连续性，造成项目参加者目标的不一致和组织责任的离散；容易使人们不重视建设工程项目的运营，忽视建设工程项目对环境和社会的影响，进而影响工程的可维护性和可持续发展能力[25]。全生命周期管理对于建设工程来说至关重要，它的现实需要可以总结如下：

（1）现代建设项目科技含量高，涉及研究、开发、建设、运营等环节。建设过程，特别是施工过程的重要性、难度相对降低，而项目投资管理、经营管理、资产管理的任务和风险加重，难度加大，项目从构思、目标设计、可行性研究、设计、建造，直到运营管理的全过程一体性要求增加。

（2）作为投资管理主体的业主，负责项目的前期策划、规划、设计、融资、建设管理、运营管理、归还贷款。因此，其管理对象就是一个从构思开始直到工程运营结束全生命期的建设项目，在建设工程项目中需要实行业主全过程投资责任制。

（3）在国际上，业主要求建筑业能像其他工业生产部门一样提供以最终使用功能为主体的服务，要求一个或较少的承包商提供从项目构思到运营管理的全过程的服务，以降低成本，缩短工期，减少投资风险。

（4）近十几年来，工程承包和经营方式不断发生变化。例如"设计—采购—施工"总承包方式，承包商通过参加 BOT 项目，签订目标合同等承担项目的咨询（策划）、设计、施工和运营管理责任，与工程的最终效益挂钩。这使得现代建设项目的生命期向前延伸和向后拓展，建设项目管理的任务范围也大大扩展，要求进行全生命期的项目管理。

（5）现代社会对建设工程项目与环境的协调和可持续发展的要求越来越高，要求建设项目的建设和运营全过程都经得住社会和历史的推敲。建设项目通过其服务和产出满足社会的需要，促进社会的发展。

1.2.5　建设工程项目全生命周期管理的基本特点

全生命周期管理不是简单的建设工程项目管理时间段的延长，也不是简单地增加工程建造阶段的投入，而是一种将建设工程项目全生命周期作为一个系统进行考虑而成的管理创新。建设工程项目全生命周期管理主要解决的问题如下：

（1）对项目实施全生命周期的专业化管理，以避免传统管理模式下，项目生命周期的不同阶段被分隔开，造成项目信息片段化和项目管理的低效率、不专业的局面。

（2）将项目的运营纳入项目的生命期内，强调项目建设对项目运营的影响和导向。

（3）要以实现业主方利益最大化为目标进行组织分析和设计。

从以上对建设工程项目全生命周期管理主要解决问题的分析，可以认识到，建设工程项目全生命周期管理有如下几个特点：

(1) 全生命周期的管理具有整体预测与全面控制的特点。建设工程项目全生命周期管理的出发点是全生命周期成本的控制。全生命周期管理有助于实现项目全生命期的统一协调，达到控制项目生命周期成本的目标。

(2) 全生命周期管理是一种经营理念。全生命周期的经营理念是在项目策划和决策阶段，尤其是从具体的规划设计开始，就应从社会、环境、人性、经济的角度，考虑产品生命历程的所有环节间的相互影响和项目综合性能的发挥状况。它不仅是设计一个项目的功能和结构，而且要在有限的环境资源（制造资源、使用环境、社会环境等）情况下，考虑建设工程项目的施工、营销、使用、维修保养、再处置等问题。它强调寿命期内建设工程项目的可靠度、布局的合理性、功能的延展性，强调兼顾经济利益和环境效益，追求降低社会总成本。

(3) 全生命周期管理不是一种简单的管理叠加，而是集成化的管理。它将传统工程管理模式中相对独立的决策阶段开发管理（DM）、实施阶段项目管理（PM）、运营维护阶段设施管理（FM），运用管理集成思想，在管理理念、管理目标、管理组织、管理方法、管理手段等各方面进行有机集成。业主方、开发管理方、项目管理方和设施管理方等各阶段的多方主体，运用公共的、统一的管理语言和规则及集成化的管理信息系统，实施建设工程项目的管理，协同实现全生命周期目标。

(4) 全生命周期管理需要管理知识和技术创新。正如前述，全生命周期管理系统要求将项目建设全过程的经济、社会、技术、环境等成本因素综合考虑，为此需要新的管理知识和管理技术创新，对全过程、多层面的成本要素加以量化和综合。例如，需要建立系统的观点、树立动态的观点、社会环境成本等量化的理论方法等。

(5) 组织管理模式的创新。相对于传统的工程管理而言，建设工程项目全生命周期管理系统是一种业主方、开发管理方、项目管理方和设施管理方等各阶段多方主体的集成化管理，为此在目标设定、信息协调、空间管理、时间管理等方面都需要有创新的沟通协调机制，需要管理模式的重构[21]。

1.3 建设工程项目全生命周期各阶段的主要工作内容

1.3.1 建设工程项目全生命周期的阶段划分

项目的生命周期是在一定期限范围内的，在这个期限中项目经历由产生到消亡的全过程。项目的执行组织通常把项目分为若干阶段，每个阶段都由一个或数个可交付成果的完成作为标志，这些阶段总称为项目全生命期。工程项目的全生命期就是从工程项目的构思到工程项目报废（或结束）的全部过程。不同的组织对工程项目寿命期的阶段划分和建设过程有其各自不同的标准，下面介绍几种主要的划分方法[27]。

(1) 美国项目管理协会（Project Management Institute，PMI）在《项目管理知识体系 PMBOK 指南》（A Guide to the Project Management Body of Knowledge，PMBOK）2000 年版中对典型的工程项目的生命期阶段定义如图 1-5 所示[28]。

(2) 英国皇家特许建造学会（The Chartered Institute of Building，CIOB）对工程项目建设程序划分为如图 1-6 所示的过程。

1.3 建设工程项目全生命周期各阶段的主要工作内容

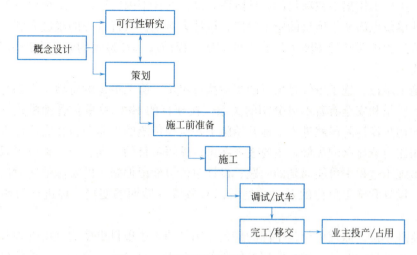

图1-6 工程项目建设程序（CIOB）[28]

（3）我国对建设工程项目生命周期的定义——建设工程项目的全生命周期是指从建设意图产生到项目废除的全过程，它包括项目的决策立项阶段、前期准备阶段、实施阶段和使用维护阶段，如表1-1所示。

建设工程项目全生命周期[29]　　　　　　　　　表1-1

阶段		主要任务
决策立项阶段		提出项目建议书、可行性研究到项目的立项审批
前期准备阶段		勘察、设计、建设用地的审批、征地拆迁等
实施阶段*	施工准备阶段	建设工程项目报建、委托建设监理、招标投标、施工合同签订
	施工阶段	建设工程施工许可证领取、施工
	竣工阶段	竣工验收及期内保修
使用维护阶段		交付后的使用、维护、检测鉴定等内容，直至工程项目退役、报废

* 见《工程建设项目实施阶段程序管理暂行规定》（建设部建［1995］第494号）

1.3.2 全生命周期中项目各参与方的职责和关系[30]

由于专业分工多、工程执行时间跨度较长等特点造成工程项目执行过程中的参与方数量众多且进出场时间不一致，因此对各参与方工作内容的集成管控有助于项目整体资源的优化配置和对项目后期的追踪管理。在众多的参与方中，可以将其简单分为直接参与方和辅助相关方。直接参与方包括业主方、设计单位、施工单位、监理单位、材料供应单位和运营维护单位。辅助相关方包括政府有关部门、银行与保险、社会公众等。

（1）业主方。作为项目的投资方，业主方负责项目全生命周期内成本、进度、安全和质量的全面综合把控，协调项目执行过程中各参与方的冲突与矛盾，监督项目设计单位和施工单位的工作，优化整个项目资源的配置，保证项目顺利实施的情况下最大化项目收益。

（2）设计单位。设计单位的主要工作内容为根据投资方的需求，利用其建筑设计的相关知识，勾画出能够执行的蓝图，供施工单位来执行。设计单位从项目的可行性研究阶段开始介入，主要工作集中在项目的设计阶段，设计的详细内容决定了整个项目的绝大部分投资。设计单位也活跃于项目的施工阶段，设计者对项目执行过程的跟进有利于及时解决项目在执行过程中遇到的按图无法施工的问题，提前或者在最短的时间内提出解决方案，减少变更成本。

（3）施工单位。施工单位是项目的实际执行单位，施工单位的每项工作都与项目的成本、进度、质量和安全有着不可分割的关系。在现行的 EPC 总承包管理模式下，施工单位在项目的初步设计阶段就进入工地开始施工，这与传统的工程项目在完成详细设计后才开始施工相比有着显著的优势，主要表现在可以缩短项目的工期、施工单位可以及时向设计单位提出施工过程中可能遇到的问题、设计单位也能根据施工的实际情况对后续的设计进行优化。设计和施工单位的及时沟通可以有效减少后期的变更，促进项目顺利有序地推进。

（4）监理单位。监理单位是中国的特色，国外的工程项目更多的是由管理公司或者咨询公司来完成项目的监管工作。监理单位服务于业主，对设计单位和施工单位进行全过程的成本、质量、进度、安全管理，协助业主协调项目各参与方之间的矛盾和冲突，帮助业主完成设计阶段和施工阶段的工程管理。

（5）材料供应单位。对于城市综合体项目，涉及土建、钢结构、暖通、弱电、消防等相关专业，需要购置的材料种类繁多且数量庞大，材料的价格决定着项目的成本，材料的质量决定着项目的质量和安全，材料的供应时间决定着项目的进度。因此，选择合适的材料供应单位对项目的执行至关重要。同时，要实现项目全生命周期内材料的管理，实现运营维护阶段项目材料的追踪，使得对项目所有材料的追溯成为可能。

（6）运营维护单位。项目建成之后在运营阶段，由业主单位或者其委托的运营维护单位（物业单位）来管理。运营阶段包括项目的维护与维修，保障项目的安全执行。在全生命周期的角度下，运营维护单位在项目的设计阶段和施工阶段就要参与进来，根据其经验，与设计单位和施工单位商讨其在运营维护中可能出现的问题，从而在项目的前期控制问题，减少后期的维护成本。

基于以上分析，项目的全生命周期成本与各参与方都有密切的关系，而各参与方之间也存在着不可分割的关联，如图 1-7 所示。各参与方之间需求的有效沟通、经验的分享、及时的技术交流可以避免施工过程中不必要的变更和返工，缩短工期，同时降低项目的成本。这就要求各参与方在项目执行的适当时期介入。根据上述分析，在表 1-2 中详细列出项目各参与方的具体介入时间段。

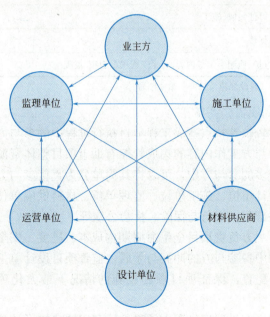

图 1-7 项目各参与方之间的关系[30]

各参与方介入项目的时间节点[30]　　　　　　　　　表 1-2

项目参与方 \ 项目阶段	决策阶段	设计阶段	施工阶段	运营阶段
业主方	■	■	■	■
设计单位		■	■	
施工单位			■	
监理单位		■	■	
材料供应单位			■	
运营维护单位			■	■

1.3.3　建设工程项目全生命周期各阶段的主要工作

综上所述，建设项目的全生命周期包括：决策阶段、实施阶段（实施阶段包括：初步设计、设计、施工、竣工验收）、使用阶段（使用阶段包括：开业准备、运营维护阶段、拆除）。

1. 项目决策阶段的主要工作

（1）项目决策阶段的主要参与者

一般来讲，该阶段主要参与者有业主、各顾问（如工程会计、律师、环评公司、评估咨询公司、政府部门）等。业主与协助性顾问的主要工作是确定该阶段工作范围和内容、大致做法、各规划与监控；环评公司主要完成业主和政府要求的项目环境影响评估报告；政府部门大致有招商、土地、安全卫生、发改委、工商局、海关等，主要工作是站在政府的角度审核批准该项目[31]。

项目决策阶段开发管理的主要任务如下：

1）进行项目定义。对建设环境和条件进行调查与分析，在此基础上将建设意图和初步构想转换成定义明确、系统清晰、目标具体、具有策略性运作思路的方案。明确开发或建设的目的、宗旨和指导思想，确定项目规模、组成、功能和标准，初步确定总投资和开发建设周期等。

2）项目经济分析。包括整个项目投资估算（前期费用、项目设计和咨询费用、项目工程造价等）、融资方案的设计及其有关的财务评价（国民经济评价、财务评价和社会评价）。

3）项目组织与管理总体方案设计。包括项目组成结构、项目管理组织方案、项目合同结构方案以及项目总进度纲要等几个方面的内容。

4）满足外部需求。包括来自政府、法律法规和社会的要求，现在还需要满足一些强制性要求，比如环境保护和节能的要求。应通过提交项目有关评价报告来满足这些要求。

5）制定项目设计纲要（设计任务书）。包括：项目概况及设计范围、设计内容、设计依据、设计原则要求、设计成果要求、设计论证的组织、设计酬金支付形式、设计及论证的日程安排等。

6）项目开发决策方案与实施阶段的集成。项目决策方案不仅要满足开发商的建设意图，还要为设计提供可靠的依据，需要处理好开发与设计的衔接关系。

(2) 决策阶段开发管理的主要工作

1) 项目内部业主的决策——可行性研究

可行性研究主要是论证项目的经济、技术、工程、资金、人力、时间等的可行性，一般来讲主要内容有：

① 项目背景、主要技术经济指标表；

② 项目发展概况、投资的必要性；

③ 市场调查、预测、推销战略、产品方案和建设规模、产品销售收入预测；

④ 资源和原材料、建设地区和厂址选择；

⑤ 项目组成、生产技术方案、总平面布置和运输、土建工程、其他工程；

⑥ 建设地区的环境现状、项目主要污染源和污染物、项目拟采用的环保标准、治理环境的方案、环境监测制度的建议、环保投资估算、环境影响评价结论、劳动保护与安全卫生；

⑦ 企业组织、劳动定员和人员培训；

⑧ 项目实施各阶段、项目实施进度、项目实施费用；

⑨ 项目总投资估算、资金筹措、投资使用计划；

⑩ 生产成本和销售收入估算、财务评价、国民经济评价、不确定性分析、社会效益和社会影响分析；

⑪ 可行性研究结论与建议[32]。

投资建设主体应选择合适的团队或公司进行可行性研究，另外结合政府的批准流程，也要选择有资质的公司展开环境影响评估（报告表或报告书）。

2) 项目外部的决策——政府方面对投资的许可

我国对投资体制实施了一系列改革，新的投资体制基本形成，具体为：《国务院关于投资体制改革的决定》《企业投资项目核准暂行办法》《外商投资项目核准暂行管理办法》《境外投资项目核准暂行管理办法》《国家发展改革委关于改进和完善报请国务院审批或核准投资项目的管理办法》《国家发展改革委关于实行企业投资项目备案制指导意见的通知》《国家发展改革委关于审批地方政府投资项目的有关规定（暂行）》《国际金融组织和外国政府贷款投资项目管理暂行办法》《中央预算内投资补助和贴息项目管理办法》《中央预算内固定资产投资补助资金财政财务管理暂行办法》《中央预算内固定资产投资贴息资金财政财务管理暂行办法》《国际金融组织和外国政府贷款赠款管理办法》《国家高技术产业发展项目管理暂行办法》《建设项目用地预审管理办法》《国家发展改革委关于加强固定资产投资项目节能评估和审查工作的通知》《国家发展改革委关于发布项目申请报告通用文本的通知》《国务院办公厅关于加强和规范新开工项目管理的通知》以及中华人民共和国国家发展和改革委员会令第 37 号等。

汇总来说，国家对企业投资项目的审批现在是核准或备案制，不再审批可行性研究报告，而是要求提交"项目申请报告"，以便站在较宏观的立场对项目进行评估和许可。主要是考虑产业布局、资源开发利用、能源、安全、环境等因素。大致流程是：企业委托咨询单位—咨询单位编制项目申请报告—企业上报相应政府部门—政府部门委托甲级咨询单位评估—核准。

项目申请报告主要进行如下几方面的说明：

① 申报单位及项目概况；

② 发展规划、产业政策和行业准入分析；

③ 资源开发及综合利用分析，包括资源节约措施；

④ 节能方案分析；

⑤ 建设用地、征地拆迁及移民安置分析；

⑥ 环境和生态影响分析，包括环境和生态现状、生态环境影响分析、生态环境保护措施、地质灾害影响分析、特殊环境影响；

⑦ 经济影响分析，包括经济费用效益或费用效果分析、行业影响分析、区域经济影响分析、宏观经济影响分析；

⑧ 社会影响分析，包括社会影响效果分析、社会适应性分析、社会风险及对策分析[32,33]。

对于项目申请报告，一定要委托有资质的工程咨询公司，要注意与可行性研究报告的区别。可行性研究报告是企业作为投资主体站在所有者的角度去审视项目从而进行决策的，而项目申请报告是提交给政府让政府以社会管理者的角度审视项目从而进行许可的[33]。

3）项目决策策划

传统的工程项目管理将建设工程项目投资决策建立在机会分析和项目可行性分析的基础上，但是以项目建议书和可行性研究作为决策的主要依托显然不足。主要问题是分析的深度和广度不够，仅凭可行性研究进行决策，其决策的科学性和合理性受到一定的影响。因此，有必要增加一个决策策划阶段。

项目决策策划是指从项目投资主体的利益出发，根据客观条件和投资项目的特点，在掌握信息的基础上，运用科学手段，按照一定程度和标准，对投资项目作出的选择或决定，即拟订具体的投资方案[11]。项目策划是在项目决策阶段的重要工作，具有先行性、不确定性、预测性和决策性等特点。项目策划关系到项目成败，因此是最重要和困难的一步[34]。项目策划阶段将从技术、工程、经济和外部协作条件等方面进行全面的调查研究，根据项目建设的要求和可能条件，拟订出项目的发展框架及项目实施和项目经营的相关管理内容。

项目决策策划一般包括：

① 环境调查与预测。包括政治环境、经济环境、市场需求分析、项目建设地点条件等。

② 项目定义和论证。包括地点、规模、项目组成、功能、标准、投资目标、进度目标、质量目标等。

③ 组织策划。确定项目管理的组织结构。

④ 管理、合同策划。确定管理方法，包括投资控制方案、质量控制方案、进度控制方案及合同结构。

⑤ 经济策划。投资估算和资金筹措；资源、原材料的来源情况和保证程度。

⑥ 技术策划。技术条件分析和技术的可靠性。

⑦ 风险策划。风险分析及风险分析管理方案[35]。

2. 项目实施阶段的主要工作

英国皇家特许建造学会（CIOB）对实施阶段的项目管理（PM）定义如下：PM是从项目建设开始到项目建成这一段时期内，全面地计划、协调和控制项目，目标是建设一个达到业主要求的功能和经济上可行的项目，也就是一个在规定的时间内完成、在合理的投资范围内实现，并且满足质量标准要求的项目。

（1）项目实施阶段的主要参与者及项目管理的主要任务

一个施工现场，在建设项目的施工过程中，既有业主、工程顾问、勘察设计单位、监理、各施工单位、供货商等参与者，也有政府有关部门时常到场督导。

项目管理（PM）根据出发点不同，有业主项目管理（OPM）、设计单位项目管理（DPM）、承包商项目管理（CPM）、材料设备供货商项目管理（SPM）和建设项目总承包方的项目管理（Design and Build's—PM）等形式。

1）业主方的项目管理（Owner Project Management，OPM），从初步设计阶段开始一直到维修阶段结束。

2）设计单位的项目管理（Design Project Management，DPM），不仅仅是在设计阶段，而且在施工初期阶段，因为施工过程中的最新信息可能导致项目设计的一些修改。

3）承包商的项目管理（Construction Project Management，CPM），包括施工阶段、开业准备阶段、维修阶段。

4）供货商的项目管理（Supplier Project Management，SPM），包括施工阶段及维修阶段。

5）建设项目总承包方的项目管理等。包括项目的整个实施阶段，即准备阶段、设计阶段、施工阶段、动用前准备阶段和保修期[35]。

由于业主方是建设工程项目生产过程的总集成者——人力资源、物质资源和知识的集成，业主方也是建设工程项目生产过程的总组织者，因此对于一个建设工程项目而言，虽然有代表不同利益方的项目管理，但是，业主方的项目管理是管理的核心。投资方、开发方和由咨询公司提供的代表业主方利益的项目管理服务都属于业主方的项目管理。施工总承包方和分包方的项目管理都属于施工方的项目管理。材料和设备供应方的项目管理都属于供货方的项目管理。建设项目总承包有多种形式，如设计和施工任务综合的承包，设计、采购和施工任务综合的承包（简称EPC承包）等，它们的项目管理都属于建设项目总承包方的项目管理。

项目实施阶段项目管理的主要任务如下：

1）设计阶段的管理任务。建设工程项目设计阶段的目标是确定拟建项目的建筑、结构、工艺、设备设施系统等的具体方案，是实现项目投资构思方案的过程。设计阶段分为初步设计、技术设计和施工图设计。初步设计的任务是根据设计任务书，具体构造项目的总体方案，并做出项目的设计概算，初步设计完成，投资方案的要点确定后，就可以进行投资准备工作；技术设计是针对重大项目或者特殊项目具体的技术问题所进行的设计；施工图设计是根据初步设计和技术设计所进行的项目深化和详细设计，在该阶段需要编制施工图预算。

虽然设计阶段发生的费用占工程总投资的比例较小，但是建设工程项目决策以后，设计阶段就成为工程成本控制的一个关键阶段。因此，在设计阶段考虑设计方案对建设工程项目全生命周期的影响非常重要和必要，加强设计阶段的管理是做好项目建设的基础。

2) 施工阶段的项目管理任务。建设工程项目的施工阶段是项目全生命周期中的一个重要阶段，是将设计图纸和原材料、半成品、设备等形成工程实体的过程，是建设工程项目使用价值和价值实现的主要阶段。施工阶段主要的管理任务包括编制施工组织设计、进行施工准备、工程施工的组织与管理等；另一个任务是生产准备，生产准备包括生产人员的培训、生产需要的原材料订购；之后是竣工验收，这是对投资成果的全面检查和评定，也是为下一阶段的投产与经营活动做准备。

建设工程项目实施的设计和施工阶段，项目各参与方应当按照项目全生命周期管理的要求确定自身的管理目标，运用现场管理理论和方法完成各自的任务，履行相应的职责。

3) 建设项目实施阶段的项目集成管理。建设工程项目实施阶段存在多层面、多主体的项目管理。一方面，项目业主要按照全生命周期集成管理的要求处理好各阶段的集成关系，主要包括：设计阶段与前期决策阶段的集成、实施阶段内各分阶段的集成、实施阶段与运营维护阶段的集成管理等。为了使项目设计既能满足业主的要求，又能保证施工操作的便捷性和可行性，项目施工承包商应该介入项目设计阶段的工作，参与管理。设计方不应只是进行施工阶段的指导和检查，也要参与项目施工实施过程的管理。而且项目的使用者应在项目完工之前就介入实施过程，与设计方、施工方之间协同作业。因此，针对传统意义上的设计方、施工方和使用者各自进行相对独立的管理模式而言，阶段的集成化管理在具体运行上则需要有效的组织管理模式、组织的创新和信息协调，才能有效地处理好界面关系。

另外，业主要将各方的项目管理集成起来，在项目管理中，业主、设计方、施工方、供货方等既有独立的项目管理内容，又有两方甚至多方交叉重叠的内容。因此，不同参与的主体需要按照全生命周期管理的目标体系要求，在管理理念、管理目标、管理组织、管理方法、管理手段、管理信息系统等各方面进行创新和设计，找到各方之间共同的满意点。

(2) 实施阶段项目管理的主要工作

业主方的项目管理工作涉及项目实施阶段的全过程，即在设计前的准备阶段、设计阶段、施工阶段、动用前准备阶段和保修期分别进行如下工作：

1) 安全管理；
2) 投资控制；
3) 进度控制；
4) 质量控制；
5) 合同管理；
6) 信息管理；
7) 组织和协调。

其中，安全管理是项目管理中最重要的任务，因为安全管理关系到人身的健康与安全，而投资控制、进度控制、质量控制和合同管理等则主要涉及物质的利益。

设计方作为项目建设的一个参与方，其项目管理主要服务于项目的整体利益和设计方本身的利益。其项目管理的目标包括设计的成本目标、设计的进度目标和设计的质量目标，以及项目的投资目标。项目的投资目标能否得以实现与设计工作密切相关。设计方的项目管理工作主要在设计阶段进行，但它也涉及设计前的准备阶段、施工阶段、动用前准备阶段和保修期。

设计方项目管理的工作包括：

1) 与设计工作有关的安全管理；
2) 设计成本控制和与设计工作有关的工程造价控制；
3) 设计进度控制；
4) 设计质量控制；
5) 设计合同管理；
6) 设计信息管理；
7) 与设计工作有关的组织和协调。

施工方作为项目建设的一个参与方，其项目管理主要服务于项目的整体利益和施工方本身的利益。其项目管理的目标包括施工的成本目标、施工的进度目标和施工的质量目标。施工方的项目管理工作主要在施工阶段进行，但它也涉及设计准备阶段、设计阶段、动用前准备阶段和保修期。在工程实践中，设计阶段和施工阶段往往是交叉的，因此施工方的项目管理工作也涉及设计阶段。施工方项目管理的工作主要包括：

1) 施工安全管理；
2) 施工成本控制；
3) 施工进度控制；
4) 施工质量控制；
5) 施工合同管理；
6) 施工信息管理；
7) 与施工有关的组织与协调。

施工方是承担施工任务的单位的总称谓，它可能是施工总承包方、施工总承包管理方、施工分包方或建设项目总承包的施工任务执行方或仅仅提供施工的劳务。施工方担任的角色不同，其项目管理的任务和工作重点也会有差异。

施工总承包方（General Contractor，GC）对所承包的建设工程承担施工任务执行和组织的总体责任，它的主要管理工作如下：

1) 负责整个工程的施工安全、施工总进度控制、施工质量控制和施工的组织等。
2) 控制施工的成本（这是施工总承包方内部的管理任务）。
3) 施工总承包方是工程施工的总执行者和总组织者，除了完成自己承担的施工任务以外，还负责组织和指挥其自行分包的分包施工单位和业主指定的分包施工单位（业主指定的分包施工单位有可能与业主单独签订合同，也可能与施工总承包方签约，不论采用何种合同模式，施工总承包方应负责组织和管理业主指定的分包施工单位的施工，这也是国际的惯例），并为分包施工单位提供和创造必要的施工条件。
4) 负责施工资源的供应组织。
5) 代表施工方与业主方、设计方、工程监理方等外部单位进行必要的联系和协调等。

施工总承包管理方（Managing Contractor，MC）对所承包的建设工程承担施工任务组织的总体责任，它的主要特征如下：

1) 一般情况下，施工总承包管理方不承担施工任务，它主要进行施工的总体管理和协调。如果施工总承包管理方通过投标（在平等条件下竞标），获得一部分施工任务，则它也可参与施工。

2）一般情况下，施工总承包管理方不与分包方和供货方直接签订施工合同，这些合同都由业主方直接签订。但是如果施工总承包管理方应业主方的要求，协助业主参与施工的招标和发包工作，其参与的工作深度由业主方决定。业主方也可能要求施工总承包管理方负责整个施工的招标和发包工作。

3）不论是业主方选定的分包方，或经业主方授权由施工总承包管理方选定的分包方，施工总承包管理方都承担对其的组织和管理责任。

4）施工总承包管理方和施工总承包方承担相同的管理任务和责任，即负责整个工程的施工安全、施工总进度控制、施工质量控制和施工的组织等。因此，由业主方选定的分包方应经施工总承包管理方的认可，否则它难以承担对工程管理的总的责任。

5）负责组织和指挥分包施工单位的施工，并为分包施工单位提供和创造必要的施工条件。

6）与业主方、设计方、工程监理方等外部单位进行必要的联系和协调等。

施工分包方承担合同所规定的分包施工任务，以及相应的项目管理任务。若采用施工总承包或施工总承包管理模式，分包方（不论是一般的分包方，还是由业主指定的分包方）必须接受施工总承包方或施工总承包管理方的工作指令，服从其总体的项目管理。

供货方作为项目建设的一个参与方，其项目管理主要服务于项目的整体利益和供货方本身的利益。其项目管理的目标包括供货方的成本目标、供货的进度目标和供货的质量目标。供货方的项目管理工作主要在施工阶段进行，但它也涉及设计准备阶段、设计阶段、动用前准备阶段和保修期。供货方项目管理的主要工作包括：

1）供货的安全管理；
2）供货方的成本控制；
3）供货的进度控制；
4）供货的质量控制；
5）供货合同管理；
6）供货信息管理；
7）与供货有关的组织与协调。

建设项目总承包方项目管理的目标和任务：建设项目总承包的基本出发点是借鉴工业生产组织的经验，实现建设生产过程的组织集成化，以克服由于设计与施工的分离致使投资增加以及由于设计和施工的不协调而影响建设进度等弊病。

建设项目总承包的主要意义并不在于总价包干，也不是"交钥匙"，其核心是通过设计与施工过程的组织集成，促进设计与施工的紧密结合，以达到为建设项目增值的目的。即使采用总价包干的方式，稍大一些的项目也难以用固定总价包干，而多数采用变动总价合同。建设项目总承包方作为项目建设的一个参与方，其项目管理主要服务于项目的利益和建设项目总承包方本身的利益。其项目管理的目标包括项目的总投资目标和总承包方的成本目标、项目的进度目标和项目的质量目标。建设项目总承包方项目管理工作涉及项目实施阶段的全过程，即设计前的准备阶段、设计阶段、施工阶段、动用前准备阶段和保修期。建设项目总承包方项目管理的主要工作包括：

1) 安全管理；
2) 投资控制和总承包方的成本控制；
3) 进度控制；
4) 质量控制；
5) 合同管理；
6) 信息管理；
7) 与建设项目总承包方有关的组织和协调。

3. 项目运营维护阶段的主要工作

建设工程项目运营维护阶段又称项目的使用阶段。建设工程项目投入运营以后能否达到设计的要求，实现其功能，关键就在运营期的管理。而建设工程项目运行和维护阶段管理的目的就是维持项目的使用功能，控制项目运营费用，提高建设工程项目运行的效率。项目运营维护阶段设施管理的主要任务概括起来一般分为维持功能、回收投资和后评价等几个方面（不包括报废拆除）。

（1）维持设施应有的功能

运行和维护阶段的管理，对建设工程项目全生命周期成本管理尤为重要。在维持物业应有功能的同时，应注意控制项目运行成本。据联邦德国（1982年）一个运营期为30年的办公楼项目成本数据的分析，发现办公楼的建设成本占全生命周期费用的19%，投资利息占39%，运营费用占42%，即运营成本是建设成本的2.21倍，投资利息是建设成本的2.05倍。由此可见，在全盘考虑项目全生命周期各阶段所发生费用的前提下，尤其需要考虑建设工程项目运行阶段的费用。在满足最终业主使用功能的同时，还应注重有利于工程维护、有利于节能和环保，确保工程使用安全。只有这样，才能实现建设工程项目在运营维护阶段的增值。此外，设备设施维修更新必须运用一定的科学方法进行分析，才能在维修更新投入和效益之间作出科学的决策。

（2）回收投资和项目后评价

项目后评价包括项目决策与建设过程评价、项目效益后评价、项目管理后评价、项目影响后评价等。

1) 项目决策与建设过程评价是对项目可行性研究、立项决策、勘测、设计、招投标、施工、竣工验收等不同阶段，从经历程序、遵循规范、执行标准等方面对其进行评价。

2) 项目效益后评价主要是对应于项目前期而言的，其是在项目投入使用或生产若干年后，以运行后的实际数据资料为基础对项目投资经济效果的再评价，重新计算项目的各项技术经济数据，得到相关的投资效果指标，然后与项目立项决策时预测的相关经济效果值（如净现值 NPV、内部收益率 IRR、投资回收期等）进行纵向对比，评价和分析其偏差情况及原因，吸收经验教训，从而为提高项目的实际投资效果和制定有关的投资计划服务，为以后相关项目的决策提供借鉴和反馈信息。

3) 项目管理后评价是指当项目竣工以后，对项目实施阶段的管理工作进行的评价，其目的是通过对项目实施过程中实际情况的分析研究，全面总结项目管理经验，为今后项目管理的改进服务。

4) 项目影响后评价是项目对国民经济、社会关系、自然生态环境等方面产生实际影响的评价。在倡导保护自然生态环境、可持续发展、节约型社会的今天，如何处理好生产与社会、生活、自然环境等的关系，是一个十分迫切需要解决的问题。影响评价的结果对于指导以后的新建项目有着重要意义。

(3) 项目报废回收管理的任务

建筑物经鉴定其生命周期达到"终点"后，将会变成建筑废弃物。目前，我国很大一部分建筑垃圾被当作回填料处理或运往市郊抛弃，这不仅浪费了建材资源，还占用了大量的土地资源。如果能够在决策阶段和实施阶段就考虑全生命周期的要求，并且在报废拆除阶段采用新的工艺技术，建筑废弃物是完全可转化为再生资源和再生产品的。例如，其中的混凝土块经破碎和筛分后可用作不同规格的骨料，用作铁路的道砟和公路的路基等；筛分下来的"砂"也是很好的利水材料，可用作路基找平层，或城镇排水管道管沟的回填料；而废旧的钢筋头、钢丝、螺栓、螺母等金属则可回炉熔炼成再生金属材料等。因此，在建设工程项目的报废拆除过程中，项目物业管理的任务之一是要组织人员对拆除资源进行分类，分为可回收的资源和不可回收的资源，并对废弃物分类收集，这是建设工程项目废弃物有效回收的基础。如此，可以进一步组织人员或者送交专门部门，将可回收利用的资源回收转化为再生资源或再生产品。

项目运营维护阶段的设施管理主要分为资产管理和运营管理。其中，资产管理包括财务管理、空间管理和用户管理；运营管理包括"维修"和"现代化"。

(1) 财务管理的主要工作内容

1) 从经济的角度分析增加物业收入的可能性，并予以实施；

2) 物业维护和更新的资金安排。

(2) 空间管理的主要工作内容

动态维护物业的基本数据，包括室内空间、设备、公共设施和家具等固定资产空间利用的管理。

(3) 用户管理的主要工作内容

1) 了解用户对物业的使用需求和反映；

2) 与用户的沟通与联系。

(4) 运行管理中"维修"的主要工作内容

1) 确定设备维护的标准；

2) 分析设备维护的特点；

3) 制定设备维护手册；

4) 进行设备维护。

(5) 运行管理中"现代化"的主要工作内容

1) 考虑主要设施的功能扩展、改善和提高的可能性；

2) 提出设备更新改造的计划，并予以实施。

设施管理工作应尽可能在项目的决策期和实施期就介入，以利于在决策期（确定项目定义时）和实施期（设计和施工过程中）充分考虑项目使用的需求。我国多数物业管理公司在工程竣工后才介入工作，这是一个误区。在项目决策阶段，设施管理的主要工作是参与项目定义的工作过程，并对决策阶段的重要问题参与讨论。在设计准备阶段和设计阶段，设施管理的主要工作是参与设计任务书的编制，并从设施管理的角度跟踪设计过程。在施工阶段，设施管理的主要工作是参与设计变更的确定，并跟踪施工过程[36]。

1.4 本章小结

传统的建设工程项目注重阶段性的管理，不以运营目标主导项目的决策和实施，导致用户需求从项目决策阶段开始就很难得到准确、全面的定义，无法实现项目运营目标的优化，因而影响项目整体目标的实现。因此，需要对建设工程项目全生命周期的各阶段进行全过程管理。通过对本章知识的学习，了解传统建设工程项目管理存在的不足，以及建设工程项目全生命周期管理的现实需要；掌握建设工程项目全生命周期的阶段划分以及各阶段的主要工作内容。

思考与练习题

1. 建设工程项目有哪些特点？
2. 简述传统建设工程项目管理存在的不足之处。
3. 谈一谈你对建设工程项目全生命周期管理的理解。
4. 简述全生命周期概念下建设工程项目的各参与方以及各自职责。
5. 建设工程项目的全生命周期包括哪些阶段？
6. 简述建设工程项目全生命周期各个阶段涉及的主要工作内容。

本章参考文献

［1］周文安．建筑施工企业项目管理［M］．北京：中信出版社，1997．
［2］中华人民共和国住房和城乡建设部．建设工程项目管理规范：GB/T 50326—2017［S］．北京：中国建筑工业出版社，2017．
［3］危道军，刘志强．工程项目管理［M］．武汉：武汉理工大学出版社，2004．
［4］丁士昭．工程项目管理［M］．北京：中国建筑工业出版社，2014．
［5］罗晋．对建设工程项目管理模式的探讨［D］．广州：华南理工大学，2012．
［6］吴涛，丛培经．中国工程项目管理知识体系［M］．北京：中国建筑工业出版社，2003．
［7］凯西·施瓦尔贝．IT项目管理［M］．王金玉，时郴，译．北京：机械工业出版社，2002．
［8］余建．国内外建设工程项目管理模式比较研究［D］．重庆：西南大学，2010．
［9］舒霞，张静华．浅谈建筑工程项目管理特点［J］．建筑工程技术与设计，2014（28）：687．
［10］刘荔娟．项目管理概论［M］．上海：上海人民出版社，1990．
［11］郎荣燊，刘荔娟．现代项目管理学［M］．天津：天津大学出版社，1996．
［12］中国项目管理研究委员会．项目管理知识体系［M］．3版．北京：机械工业出版社，2004．
［13］丁士昭．建设工程信息化导论［M］．北京：中国建筑工业出版社，2005．
［14］成虎，韩豫．工程全寿命期管理体系构建［J］．科技进步与对策，2012，29（18）：17-20．
［15］张飞涟，郭三伟，杨中杰．基于BIM的建设工程项目全寿命期集成管理研究［J］．铁道科学与工程学报，2015（3）：702-708．
［16］孙凌志．建设工程项目全寿命周期一体化管理模式研究［D］．青岛：山东科技大学，2007．
［17］刘家明，陈勇强，戚国胜．项目管理承包——PMC理论与实践［M］．北京：人民邮电出版社，2005．
［18］《建设工程项目管理规范》编写委员会．建设工程项目管理规范实施手册［M］．2版．北京：中国建筑工业出版社，2006．
［19］徐扬光．设备工程与管理［M］．上海：华东理工大学出版社，1993．

[20] 洪天超．建筑全寿命周期的工程质量综合管理探讨［J］．福建工程学院学报，2010，8（S1）：98-101.
[21] 成虎．工程全寿命期管理［M］．北京：中国建筑工业出版社，2011.
[22] 孟力，张宏宇．工程项目全生命周期管理组织模式研究［J］．项目管理技术，2009（01）：26-29.
[23] 吕金凤．我国高校基建项目造价控制评价研究［D］．哈尔滨：哈尔滨工程大学，2008.
[24] 刘伟．BIM技术在建设工程项目管理中的应用研究［D］．北京：北京交通大学，2015.
[25] 陈光，成虎．建设项目全寿命期目标体系研究［J］．土木工程学报，2004（10）：87-91.
[26] 何清华，陈发标．建设项目全寿命周期集成化管理模式的研究［J］．重庆建筑大学学报，2001（04）：75-80.
[27] 孙立波．工程项目全寿命期过程集成管理研究［D］．天津：天津大学，2006.
[28] PMI. A guidance to the project management body of knowledge［M］. Project Management Institute, 2000：15-16.
[29] 孙峻，丁烈云，曹立新．建设工程全寿命周期质量监管体系研究［J］．建筑经济，2007（12）：28-30.
[30] 易习刚．M城市综合体工程项目全生命周期成本管理研究［D］．上海：华东理工大学，2017.
[31] 曲爽．建设工程生命周期项目管理［D］．天津：天津大学，2011.
[32] 考试教材编写委员会和审定委员会注册咨询工程师投资．现代咨询方法与实务［M］．北京：中国计划出版社，2010.
[33] 考试教材编写委员会和审定委员会注册咨询工程师投资．项目决策分析与评价［M］．北京：中国计划出版社，2010.
[34] 黄金枝．工程项目管理—理论与应用［M］．上海：上海交通大学出版社，1995.
[35] 杨维．建设项目寿命管理系统的探讨［D］．上海：同济大学，1999.
[36] 丁士昭，陈建国，丁烈云，等．建设工程管理概论［M］．北京：中国建筑工业出版社，2010.

第 2 章　建设工程项目全生命周期质量管理

本章要点及学习目标

本章围绕建设工程项目的质量管理展开，首先通过对建设工程项目质量管理体系的梳理，分析了我国现行建设工程质量监管存在的问题，以及开展建设工程全生命周期质量管理的优势所在。重点介绍了建设工程全生命周期质量管理的目标和任务，质量监管的主要责任主体，以及工程项目各阶段质量管理的内容。

读者在学习本章时，需要全面了解建设工程项目全生命周期质量管理的含义及特点，同时需要掌握建设工程项目全生命周期各个阶段质量管理的参与主体、管理方法和工作内容等知识点。

2.1　建设工程项目的质量管理体系及存在的问题

2.1.1　建设工程项目的质量管理体系

建设工程项目质量管理应遵照《建设工程质量管理条例》（国务院令第 279 号）和《质量管理体系 基础和术语》GB/T 19000—2016 族标准的要求，坚持缺陷预防的原则，按照策划、实施、检查、处置的循环方式，对人员、机具、设备、材料、方法、环境等要素进行全过程管理，实现过程产品和服务的质量目标，以满足发包人及其他相关者的要求和工程技术标准以及产品的质量要求[1]。为了达到项目质量目标，必须根据相关标准制定整个工程项目质量管理体系，并按照质量管理体系进行全面监管控制。

建设工程项目质量管理是一项综合性的工作。项目质量管理包括项目决策、项目计划、项目控制的质量管理，以及战略策划、综合性管理、范围管理、工期管理、成本管理、人力资源管理、组织管理、沟通管理、风险管理、采购管理等诸多内容[2]，其目的是为建设项目的用户（顾客）和其他相关者提供高质量的工程和服务。

为实现工程项目目标，高质量地完成项目工程，需要对项目的全生命过程进行严格的质量控制。项目建设中任何一个环节出现问题都会影响下面环节的质量控制，进而影响工程的整体质量。图 2-1 展示了工程项目质量控制的全过程[3]。

工程项目质量管理体系的内容主要包括质量计划、质量保证、质量控制等。质量计划是为确保实现项目的质量目标而编制的，主要包括确定相关质量标准，以及如何实现这些要求。质量保证是为实施质量计划要求的所有工作提供基础和保证，确保项目管理体系的正常运转，贯穿于项目实施的全过程之中。质量保证通常是由项目的质量保证部门或者类似的组织单位提供的。质量控制同样贯穿于项目实施的全过程，主要是监督项目的实施结果，将项目实施的实际结果与质量标准进行比较，找出其存在的差距，并分析形成这一差距的原因。质量控制主要由质量控制部门或类似的质量责任单位负责，并且必须有整个项目组织团队的参与。

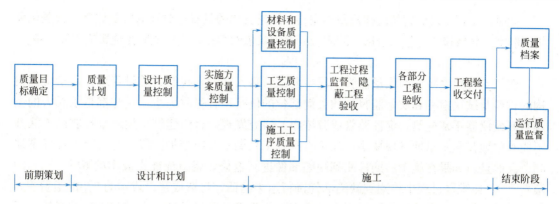

图 2-1 工程项目质量控制过程

随着建筑业的发展，我国的建设工程质量监管模式也在不断地更新与完善。目前，我国的建设工程质量监管体系如图 2-2 所示，该体系是建筑工程质量监管的核心框架[4]。

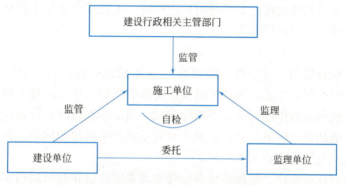

图 2-2 我国现行的建设工程质量监管体系图

2.1.2 现行建设工程质量监管存在的问题

我国对建设工程质量进行监督管理主要是通过政府单位、建设单位以及监理单位等来实现。现行的工程质量监管仍然存在一些问题，需要进一步完善[4,5]。存在的问题主要有以下三个方面：

1. 工程质量监管体制不健全

目前，我国的建设工程质量监督管理主要由政府质量监督站代表政府行使质量监督的公权力，同时建设单位或其委托的监理单位对工程项目施工阶段进行全过程监管，其他社会监管主体基本未参与到质量监管工作中，没有充分利用社会监督力量对工程质量进行持续性的监管。而工程质量检测机构大多为政府建设行政主管部门所属的代表政府实施质量监督管理权力的自收自支或差额拨款的事业单位，个别机构为企业性质，社会对这些机构执法地位的认同度不高，并且存在地方性保护和垄断的现象，增加了质量监管难度。

另外，建设行政主管部门与政府质监部门存在职能重叠和监管盲区的问题，降低了质量监管的执行力。政府质监机构及部门重点对工程实施阶段的关键工序进行监管，缺少对其他各主体的常态化质量监管，监管时间不连续，未能实现对建设工程全生命周期的质量监管，存在对投资决策质量、勘察设计质量等方面的监管盲区，不利于建筑工程质量的全过程控制。

同时，工程质量监管的法律机制不完善，缺乏具体的具有针对性的质量监管法律条例和规章制度，导致违法分包、串标、阴阳合同等现象依然存在，直接或间接地影响工程质量。

2. 工程质量监管手段落后，未实现数据信息化管理

建筑工程建设阶段的质量监管手段主要以管理人员的直线制式质量管理、质量检测机构的材料及试块检测和质量监督站的关键部位的例行检查验收为主。这些都是依靠人的主观判断或仪器正常检测，定性监管成分浓厚。研究发现，目前建筑工地质量控制的方法并不能有效地在施工早期发现缺陷，甚至直到施工后期阶段或维护阶段，都可能无法发现缺陷[6]。而且，如果在施工后期检测到缺陷部件进行返修，将造成建设成本的6%～12%的浪费[7,8]，在维修过程中检测到缺陷部件进行返工的话，将造成建设成本的5%的浪费[8]。

另外，在工程质量监管的过程中，由于缺少先进的、科学的信息管理方法和经验，无法实现工程质量监管数据的正常收集、整理和共享，甚至还会出现各监管主体间质量问题数据的相互隐瞒，无法及时地为项目工程协同决策提供有效的数据依据，增加了项目全生命周期质量监管的难度[9]。缺乏质量监管数据的有效共享和对全过程质量监管的系统认识，造成了即便质量问题出现也不能及时得到解决，无法形成项目工程全生命周期质量的动态监管，而只能依托于事后监管[10]。

3. 工程质量监管全生命周期意识淡薄

传统的质量监管思想"重检查，轻积累"。采取的最普遍的方法是质量检验，但是质量检查是一种事后控制的方法，通过质量检查发现的问题往往已经对工程项目的质量产生了影响，不能起到预防的作用。从这个角度来说，质量检验可以看作是一种浪费，它不能解决已出现缺陷的部位的质量问题。如果不对质量检查中出现的问题进行登记备注，积累经验，那么质量检查的作用就大大削减了[11]。

目前，政府、建设单位、监理单位等监管主体主要停留在对项目的实施阶段进行质量监管，并且认为做好该阶段的质量监管工作就能实现项目总体的质量目标，导致工程在投资决策及运行维护等其他阶段的监管缺失。总体而言，现阶段各质量监管主体全生命周期监管的意识淡薄，缺乏项目各阶段、各部门间的有效沟通，不能及时预测、发现、分析和解决质量问题，无法实现建筑工程的全过程、全方位的质量监管。

2.2 建设工程全生命周期质量管理的内涵

2.2.1 工程质量的含义

随着国家经济水平的快速提高和城镇化进程的迅速推进，我国工程建设规模日趋庞大，人们对工程质量的要求已从单纯注重结构安全性上升到舒适性、建筑节能以及全生命周期质量等全方位的需求。工程质量的含义也从单纯的结构质量向功能质量和生态（环境）质量等全生命周期工程质量概念扩展[12]。

1. 结构质量

结构是功能的基础，工程结构质量是建设工程质量的核心，具体主要表现为地基基础与主体结构共同构成的完整结构系统的耐久性和安全性。建设工程的耐久性表现为建筑物的生命，即工程竣工后的合理使用年限。建设工程的安全性指工程建成后在使用过程中保证结构安全、保证人身和环境免受危害的程度，主要包括结构安全、建筑防火、燃气及电

气设备安全、日常安全防范措施和室内环境污染物控制等。

2. 功能质量

工程功能质量是以价值工程理论为基础，通过有组织的创造性工作，寻求用最低的生命周期成本，实现使用者所需功能，涉及价值、功能和生命周期成本三个基本要素。建设工程的功能按照性质可分为使用功能和美学功能。建筑功能涉及建筑的空间构成、功能分区、人流组织与疏散以及空间的量度、形状和物理环境（量、形、质）等问题。其中，建筑物使用功能主要表现为工程的适用性，如建筑的隔声性能、设备设施和无障碍设施等。建筑的美学功能是在确保工程质量安全的基础上，提高工程的内在品质和观感质量。

3. 生态（环境）质量

生态质量是在一定的时间和空间内生态系统的总体或部分生态与环境因子的组合，对人类的生存及社会经济持续发展的适宜程度。它是以科学发展观和可持续发展理论为指导，借鉴全面质量管理理论（TQM）和统计过程控制（SPC）模式，形成的生态质量控制（Ecological Quality Control，EQC）。主要表现在建设工程与环境的协调性，包括以下3个方面：①自然生态环境，自然资源和地域资源；②人类建筑活动；③社会、经济系统，构成生态建筑体系。即人工建筑环境及其所在的自然生态环境和社会经济环境之间相互作用、相互协调所产生的一个相对稳定的系统，是生物圈中能量和物质循环的一个功能单位，是自然环境与人文环境之间构成的一个整体，具体主要表现在工程的建筑节能和资源节约。例如，建筑节能在南方夏热冬冷地区，如杭州，主要以"推进绿色建筑，发展节能省地型的建筑"为目标，包括节能与能源利用、节地与室外环境、节水与水资源利用、节材与材料资源利用、室内环境质量和运营管理6个方面。节约资源是指充分利用再生资源或资源有效利用，概括为4R原则："Reduce"，减少不可再生能源的使用；"Renewable"，利用可再生能源和材料；"Recycle"，利用回收材料，设置废弃物回收系统；"Reuse"，在结构允许的条件下重新使用旧材料。

2.2.2 建设工程全生命周期质量管理的优势

传统的建设工程质量监管主要是阶段性的质量监管，由于阶段性监管的参与主体不以提高最终的建筑产品的质量作为自己的质量控制目标，无法实现对全过程质量的管理[13]。如在设计阶段，设计的好坏以及可建设性对施工的质量和成本都有很大的影响，但是在对设计质量监管和把关的时候施工方还没有参与进来，施工方的意见没有被考虑，有可能造成整个过程总成本加大，后续设计变更次数增多。监理工程师的权力十分有限，多集中在施工阶段对建筑工程质量进行控制。同样，施工方案的确定也由于没有考虑最终物业管理方的维护需要，造成后期的维修难度加大。

建设工程全生命周期质量监管方法与传统的质量监管方法相比，主要是秉持全面质量管理的思想，突出体现了全员参与、全过程管理、多方法和多技术综合运用、协同监管等优势，具体如下：

1. 把质量监管看作是全员参加的质量监管工作

建设工程质量问题往往是由多个主体的违约行为共同引起的，所以工程质量监管工作也要从现场实体质量拓展到工程建设参与各方质量行为，重点监管工程建设参与各方、各参与人质量责任落实情况，从而将质量监管问题由过去的只与某些人有关提升到与人人工作都彼此相关这样一个思想高度。

2. 将质量监管看作是全过程的质量监管工作

建设工程质量的形成是沿着建设工程程序逐步累积起来的，存在着建设工程质量链。建设工程质量链上各组织根据质量链运行的要求不断发生相互影响和相互作用，某个组织行为的变化可能导致其他组织行为的变化，从而引起更多的相关组织行为变化，形成质量活动的"骨牌"效应。基于此，建设工程质量问题与建设工程全过程中的所有环节和各种因素都有关系，必须实施全过程的质量监管工作。

3. 强调多种方法和多项技术综合运用于建设工程全方位质量监管中

建设工程全生命周期中涉及的建设任务种类繁多，仅施工阶段涉及的质量监管就包括地基与基础、主体部分、屋面防水与装饰工程以及保温工程等，需要多种方法和多项技术综合运用于建设工程全方位质量监管中，这能极大提高建设工程的质量。

4. 实施了质量协同监管，达到质量持续改进的目的

我国对工程质量的监管，涉及多方主体，全部参与体现了全员管理，从头到尾的管理体现了全过程管理，但若实现这两项管理的主体之间缺乏有效沟通，则会极大地影响全面质量管理的初衷。建设工程全生命周期质量监管方法和思想，实际上是在质量链上对质量流的协同管理，强调了建筑工程各责任主体组织群质量链中链节点之间的整合管理，各参与主体间及时共享质量信息，破除原有的存在于建筑工程全过程中一系列相对封闭的"质量黑箱"，形成一条连续、畅通的建设工程质量链，并在全链条上始终不断地寻求质量持续改进的机会，不断地提高工程质量[14]。

2.2.3 建设工程全生命周期质量管理的目标和任务

建设工程全生命周期质量监管的目标是从立项决策到合理使用年限的全部过程中始终执行质量监管，逐步从目前的以施工质量监管为主，转为时间方面涵盖投资决策阶段、勘察设计阶段、施工图审查阶段、施工建造阶段和使用阶段，监管主体包括监理单位、质量检测机构等组成的综合质量监管，构筑全阶段实施、各部门参与的工程质量全面监管体系，实现建设工程全过程、全方位的质量监管[15]。

建设工程全生命周期质量监管是一种全面的质量监管[16,17]，要求参与各方责任主体必须以建设工程质量为中心来安排各建筑活动，对建设工程质量链上所有链节点加以管理，形成一个对各质量关口严把质量关的质量监管体系。全生命周期管理的各个阶段对工程质量或使用功能的影响如图 2-3 所示。随着工程的不断推进，各个阶段对工程质量的影响程度逐渐降低，对建设初期工程质量的把控能有效地、全面地提升总体质量。故对建设工程的质量监管需逐步从现阶段的以施工阶段的质量监管为主，向涵盖决策立项阶段、前期准备阶段、施工准备阶段、施工阶段、竣工阶段和使用维护阶段的全生命周期质量监管转变，尤其需要纠正错误想法和态度，对施工前期阶段的质量严格监管控制，构成全阶段实施、各监管主体共同参与的工程质量全面监管体系[15]。

建设工程全生命周期质量监管目标的另一特点是工程质量持续改进。质量管理体系的运行是一个动态的、持续的、面对不确定因素的过程，建筑工程质量随着施工环境、参与方重视程度、施工工艺等的变化而变化，建设单位的质量要求及设计规范的提升等驱使相关参与方持续地改进建筑工程质量和施工过程。

建设工程全生命周期质量监管的主要任务是在工程全周期范围内落实全面监管的理念和质量链条不间断的做法，进而实现质量监管无空白和缝隙，最终实现建筑工程质量目标

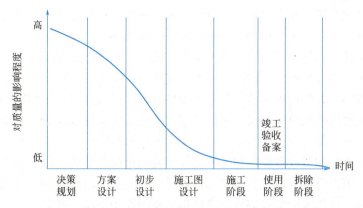

图 2-3 建设工程全生命周期的各阶段对质量的影响程度

(图 2-4)。要求每一个责任主体既要对自身质量监管负责,也要对其上下游相关单位的质量行为及传递来的成果质量负责,以系统的、全局的视角审视建设工程质量[18]。

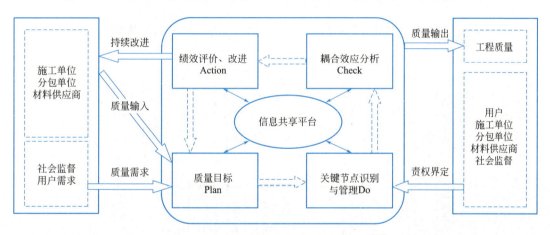

图 2-4 建设工程质量链及 PDCA 循环图[18]

2.3 建设工程全生命周期的质量监管模式

基于全面质量管理和质量持续改进的思想,结合目前建设工程质量监管体系中存在的问题,需要明确各相关质量监管主体,构建建设工程全生命周期质量监管模式。

2.3.1 建设工程全生命周期质量监管的相关主体

根据我国《建设工程质量管理条例》,建设工程质量的五大责任主体为建设单位、设计单位、监理单位、勘察单位和施工单位,依法对建设工程质量负责。其中,勘察单位、设计单位、施工单位为直接主体,分别对勘察质量、设计质量及施工质量直接负责;建设单位、监理单位为间接主体,根据建筑工程法律、法规及工程合同对相关直接主体的相关建设活动进行监管,对建设工程质量间接负责。其中,建设单位对施工质量的监管主要委托监理单位实施[19]。

2.3.2 建设工程全生命周期质量管理的基本框架

建设工程全生命周期质量管理的核心是监管理念的转变,相较于现行的建设工程监管模式,需形成各司其职、动态控制、信息共享的新机制,深化监管各主体的协作。结合相关研究成果,建设工程全生命周期质量的管理,应根据建设工程质量的形成过程和规律,按照"局部分阶段、整体全周期"的基本思路对建设工程质量进行管理[4,18]。

具体表现为:工程决策立项阶段,主要由建设单位负责这一阶段质量管理,政府职能部门实行监督管理,鼓励监理单位尽早介入辅助管理和提出建议;工程勘察设计等前期准备阶段的质量主要由勘察单位和设计单位负责,由建设单位进行监管,并由图纸审查机构负责施工图的审核,各方参与图纸会审起到质量复核的作用;施工阶段及竣工验收阶段的质量主要由施工单位和监理单位承担主要责任,建设单位负监管责任,由工程质量检测机构对施工材料、节点质量等进行质量把关,建设行政主管部门所属的质量监督站对施工质量实行监督管理;使用维护阶段的质量主要由工程的使用单位(或个人)负责,施工单位在质量保修期内负保修责任,物业管理企业承担后期质量管理责任。评价机构对建筑工程交付一段时间后实施质量后评价,房管局对产权产籍等实施登记管理。根据上述原则,建设工程全生命周期的质量监管模式可如图 2-5 所示。

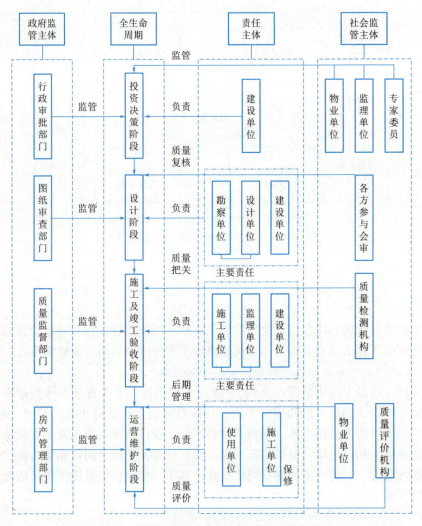

图 2-5 建设工程全生命周期的质量监管模式图

2.4 建设工程项目全生命周期各阶段的质量管理

2.4.1 决策阶段的质量管理

决策阶段是从项目构思开始，经过一系列调研，编写项目建议书和可行性报告，直到立项的整个过程。决策阶段质量管理的重要性体现在以下两个方面：

（1）决策阶段对工程项目进行整体规划，决定了工程设计、施工能否达到国家规定的建设标准、能否符合国家规定的建设程序。项目的质量目标要求和水平定位以此阶段为依据，直接影响项目后续阶段的工程质量。

（2）决策阶段对建设项目的可行性进行评估，规定了项目各方面的目标，项目的质量目标要求和水平定位在此阶段最终确定，此目标制定的合理性与项目最终成功与否有着紧密联系[20]。

因此，在决策阶段需要建立以质量为中心的项目管理部，建立起项目的组织系统，如项目管理的组织结构、工作流程组织等。决策阶段质量管理主要工作是项目建议书、可行性分析和项目评测，具体任务是：

（1）项目建议书。在高质量地完成地质勘探及调查的基础上，分析技术方面该建设规划是否可执行，经济方面该项目投资是否合理，在生产布局方面论证是否有需求，由此进行概念方案比选与优化，同时考虑项目运营期间对当地的社会影响，选择最优方案，以此为依据由建设方进行项目的可行性分析。

（2）可行性研究和项目评测。从项目的建设规模、规划布置、建设投资测算、开发进程等方面对项目概念方案作出重要决策。项目评测的内容主要包括：①项目投资必要性分析；②设计方案及建设条件分析；③项目投资估算与资金筹措分析；④项目销售收入、利润的估算；⑤项目国民经济效益评价；⑥项目风险分析；⑦整体评估[21]。通过项目评估，对整个项目进行测算，为后续的几个阶段确定好质量的目标及水平，使项目既能满足业主对质量的要求，又能与当地经济、地理环境相适应。

2.4.2 勘察设计阶段的质量管理[22]

建设工程项目勘察设计阶段是一个较为重要的阶段，建设单位应当对整个勘察设计过程负责，并做好质量管理。具体来看，该阶段的质量管理包括四个方面：

第一，对勘察设计任务进行委托。建设单位要对项目的可行性研究报告进行深入分析，结合其他方面的文件进行设计委托的办理，并与勘察设计单位进行合同的签订。建设单位要详细审核勘察设计单位的资质，确保所选取的设计单位有较高的资质；资质较高的设计单位可以相互联合，对勘察设计任务进行承担，如果这些单位的证书等级不同，要以级别最低的一方为主，其要对整个勘察设计质量负责。

第二，对设计基础资料进行搜集和提供。要想更好地进行项目设计离不开设计基础资料的运用，建设单位要能够按照规定准确、及时地为设计单位提供这些基础资料，这也是确保勘察设计质量符合要求的基础和前提。具体而言，基础设计资料包含如下几个方面的内容：技术经济情况、人文地理情况；设备、燃料、原材料资料；控制测量、地形测量、水文地质、工程地质等资料；地震资料。

第三，要对设计方案进行审查。要对设计方案进行科学化审查，并对设计质量进行有效管理，确保项目设计与大纲要求以及国家政策、方针等相符，推动项目环境效益、经济效益、社会效益的良好发挥。具体来看，设计方案应当满足如下几个要求：与国家技术标准、法律规范相符合；施工实际条件较好，不同部分设计之间具有较高的协调性；设计深度足够。在进行设计方案审核的时候应当与投资概算资料相结合，要对多个方案进行论证，并做好技术经济比较，如此才能够确保工程质量较为合理、计划进度以及投资较为科学。

第四，对设计图纸进行审核。设计图纸是整个施工开展的依据，因此设计阶段的质量控制最终是体现在设计图纸审核上的。其审核主要包含了初步设计图纸审核、施工图设计审核以及技术设计图纸审核三个方面。

2.4.3 施工阶段的质量管理

建设工程项目施工阶段的质量管理直接关系着建筑工程的整体质量状况以及社会效益，因此做好该阶段的质量管理尤其重要[23]。施工阶段是将业主需求及工程设计意图最终实现并形成工程实物的阶段，也是最终形成工程实物质量的系统过程，所以施工阶段的质量管理也是一个经由对投入的资源和条件的质量管理与控制（事前控制）进而对生产过程及各环节质量进行管理与控制（事中控制），直到对所完成的工程产出品的质量检验与控制（事后控制）为止的全过程的系统控制过程[24]。具体来看，我国的建筑工程施工阶段的质量检验评定标准中对项目的分项工程、分部工程、单位工程和单项工程的质量标准均进行了详细规定[25]，所以在质量管理时也需重点关注以上几方面。

如按照工程实体质量形成过程的时间阶段把施工阶段进行划分，则质量管理大致分为以下几个阶段：

（1）施工准备质量管理与控制[26]。主要内容有：建立质量管理体系、质量检验制度以及考核施工质量水平；编制施工方案；配备各类人员、机械设备；准备原材料、构配件；设计交底与图纸会审等。同时，需要注意对进度的控制和管理。施工方应严格按照事先制定好的施工规划进行施工，合理协调各个二级工程项目之间的施工进展，确保施工工程质量，不因盲目追求施工进度而使工程质量受到影响[27]。检查整体施工进度，与进度计划进行对比，如出现不一致则需分析原因，在保证质量的情况下及时进行调整。

（2）施工过程质量管理与控制[26]。主要内容有：对生产要素、作业技术活动的实施过程和产出结果进行管控，如技术作业交底、工序交接、隐蔽工程检查与验收。

（3）竣工验收质量管理与控制[26]。对完成具有独立功能和使用价值的单位工程或整个工程项目及有关方面（如质检资料）的质量进行检验。

2.4.4 竣工验收阶段的质量管理

建筑工程竣工验收的内容主要是按照中华人民共和国住房和城乡建设部印发的《房屋建筑和市政基础设施工程竣工验收规定》中第五条之规定进行，主要验收内容包括[28]：完成工程设计和合同约定的各项内容；施工单位在工程完工后对工程质量进行了检查，确认工程质量符合有关法律、法规和工程建设强制性标准，符合设计文件及合同要求，并提出工程竣工报告，工程竣工报告应经项目经理和施工单位有关负责人审核签字；对于委托监理的工程项目，监理单位对工程进行了质量评估，具有完整的监理资料，并提出工程质量评估报告，工程质量评估报告应经总监理工程师和监理单位有关负责人审核签字；勘察、设计单位对勘察、设计文件及施工过程中由设计单位签署的设计变更通知书进行了检查，并提出质量检查报告，质量检查报告应经该项目勘察、设计负责人和勘察、设计单位有关负责人审核签字；有完整的技术档案和施工管理资料；有工程使用的主要建筑材料、建筑构配件和设备的进场试验报告，以及工程质量检测和功能性试验资料；建设单位已按合同约定支付工程款；有施工单位签署的工程质量保修书；对于住宅工程，进行分户验收并验收合格，建设单位按户出具《住宅工程质量分户验收表》；建设主管部门及工程质量监督机构责令整改的问题全部整改完毕；法律、法规规定的其他条件。

2.4.5 运营维护阶段的质量管理

运营期质量管理是一个长期跟踪和反馈的过程，要求在明确质量方针和目标的情况下持续跟踪、有效反馈，及时处理问题。质量跟踪与维护应与项目的质量方针相协调，满足相关法律、法规和规范的变化，并且满足最终使用方对于建筑的期望以及建筑的各种更新要求。

因为建设项目的质量跟踪反馈和维护在项目的全生命周期中是一个持续时间最长的环节，且产生的问题较细，如果采取日常维护方式，成本普遍较低，不易引起运营方的重视[29]。这就要求项目从决策阶段就需要针对这一特点制定质量跟踪与维护计划，并且在运营过程中严格执行。具体任务如下：

第一，竣工与运营阶段交接工作。业主方项目管理人员应做好项目交接工作，从项目的竣工验收开始，收集各项竣工图纸、资料以及变更资料，汇总变更，邀请运营维护方提前介入，从项目的竣工验收阶段开始发现和记录问题，顺利地做好从项目竣工到项目运营的过渡。

第二，建立多方沟通渠道。建立与项目建设相关的设计、施工和监理单位的信息沟通渠道，确保能够最大程度了解项目建设期的实施情况。在影响项目的关键点设置质量跟踪点，做到动态跟踪。及时记录用户反馈，一旦出现质量问题，及时进行处理，把影响降到最小。

第三，事先预防工作。在决策阶段制定项目运营期间质量维护方案，应按照方案与实际情况结合，合理对方案进行调整，对建筑物进行有周期性的维护。同时，如果出现质量问题，应根据事物的某些征兆信息来对运营过程中可能发生的不利因素进行预警，不再对现有建筑产品产生新的质量破坏或损伤。

2.5 建设工程项目全生命周期各阶段的质量管理方法

建设工程项目全生命周期的不同阶段可以使用不同的质量管理方法。目前常用的质量管理方法有：投资决策阶段——项目评估法；设计阶段——三阶段设计法；建设阶段——直方图法、控制图法和人工神经网络法；运营维护阶段——模糊综合评价法。

2.5.1 决策阶段的质量管理方法

由现阶段的工程实践来看，建筑工程的质量监管通常是在工程的施工阶段才开始展开。然而，这一时间点的选择存在明显的不合理之处。首先，建筑工程项目在投资决策、规划设计等阶段往往优先考虑利润问题，对质量因素的考量相对较少；其次，等到质量监管主体开始进入质量监管时，之前各阶段遗留下来的质量问题或隐患在当前阶段很难纠正，更改往往需要付出更大的代价。而质量监管各主体如业主方委托的监理公司尽早介入,可以充分发挥其管理多个项目积累的丰富经验。理想情况下,监理单位应以"顾问"的形式在项目投资决策阶段进入监管,或者至少在规划设计之前,向投资者提出合理建议,规避质量问题向后续工序传递积累,产生"蝴蝶效应"[18]。

建设工程项目决策阶段的质量监管主要是通过项目可行性研究和项目评估来实现。建设工程项目的可行性研究直接影响项目的决策质量和设计质量;项目评估则是在工程项目最终决策之前对质量进行监管的重要手段,它确定了工程项目应达到的质量目标和水平。该阶段的监管主体是投资者选择的监理单位、物业服务公司或第三方工程咨询机构。

项目评估法主要包括项目可行性研究与项目评估两个步骤。建筑工程项目可行性研究阶段监管的内容主要是针对可行性研究报告的构成事项,从质量把关的角度实施审核,主要内容包括项目立项是否违反国家或地区发展规划、有无违反国家明令禁止的建设项目、拟建项目是否明确了质量总目标、决定采用的新材料等是否具备成熟的施工工艺等。为充分体现可研报告质量监管的水平和公正性,监管主体除监理单位的早期介入外,还可考虑借鉴发达国家的专家审查质量监管制度。针对具体的监管项目,随机地从由政府部门组建的投资决策阶段质量监管专家库中抽取与拟监管工程无经济利益关系的专家,组成临时论证委员会,以摆脱投资者干预及监管者自负等影响[18]。

项目评估就是在直接投资活动中,在对投资项目进行可行性研究的基础上,从企业整体的角度对拟投资建设项目的计划、设计、实施方案进行全面的技术经济论证和评价,从而确定投资项目未来发展的前景。技术经济论证和评价为决策者选择项目及实施方案提供多方面的意见,并力求客观、准确地将与项目执行有关的资源、技术、市场、财务、经济、社会等方面的数据资料和实况真实、完整地汇集、呈现于决策者面前,使其能够处于比较有利的地位,实事求是地作出正确、合适的决策,同时也为投资项目的执行和全面检查奠定基础。

项目评估一般指投资项目评估,是在可行性研究的基础上,根据有关法律、法规、政策、方法和参数,由贷款银行或有关责任机构对拟投资建设项目的规划方案所进行的全面技术经济论证和再评估,其目的是判断项目方案的可行性或比较不同投资方案的优劣。

2.5.2 勘察设计阶段的质量管理方法

施工和使用过程中出现的质量缺陷或破坏现象,很多时候是设计问题。在工程建设各环节中,由于某一方面原因导致的质量事故所占比重见表2-1,其中设计问题引起事故的比重已经达到了40%[30]。由此可见,设计阶段是整个建设过程中最容易引起质量问题的环节之一,该阶段的质量不安全因素往往在后续环节中逐步显现出来,具有潜伏期长、事故突然和生命财产损失巨大等特点。建筑工程设计质量是指在严格遵守法律法规、技术标准的基础上,正确协调和处理技术、资金、资源、环境、时间条件的制约,使设计项目更好地满足业主所需要的使用价值和功能,充分发挥项目投资的经济效益、社会效益和环境效益[31]。建筑工程通过符合有关规范标准和社会要求的设计活动以实现需要的用途、顾客需求和受益者期望等,来确保工程设计质量,需具备完善的设计资料及文件[32]。建筑工程设计质量的定义包含两重含义:其一是直接效用质量,即设计文件、图样、图表等本身的质量;其二是间接效用质量,即设计文件和图表图样等具体呈现出的最终成果,即建筑物或构筑物的质量。

2.5 建设工程项目全生命周期各阶段的质量管理方法

质量事故原因调查表[30]   表 2-1

质量事故原因	设计责任	施工原因	材料原因	使用原因	其他原因
所占百分比(%)	40.2	29.3	14.5	9.0	7.0

通常来说，建筑工程一般应分为方案设计、初步设计和施工图设计三个阶段；对于技术要求相对简单的民用建筑工程，当有关主管部门在初步设计阶段没有审查要求，且合同中没有作初步设计的约定时，可在方案设计审批后直接进入施工图设计。以下介绍设计阶段质量监管中常见的分析方法——三阶段设计法。

（1）方案设计：方案设计包括设计要求分析、系统功能分析、原理方案设计几个过程。该阶段主要是从分析需求出发，确定实现产品功能和性能所需要的总体对象（技术系统），决定技术系统，实现产品的功能与性能到技术系统的映像，并对技术系统进行初步的评价和优化。设计人员根据设计任务书的要求，运用自己掌握的知识和经验，选择合理的技术系统，构思满足设计要求的原理解答方案。

（2）初步设计：根据批准的项目可行性研究报告和设计基础资料，设计部门对建设项目进行深入研究，对项目建设内容进行具体设计。主要依据可研报告批复的内容和要求，编制实施该项目的技术方案。初步设计文件包括设计说明书、有关专业设计的图纸、主要设备和材料表以及工程概算书。初步设计是编制年度投资计划和开展项目招标投标工作的依据。

（3）施工图设计：施工图设计为工程设计的一个阶段，在初步设计、技术设计两阶段之后。这一阶段主要通过图纸，把设计者的意图和全部设计结果表达出来，作为施工制作的依据，它是设计和施工工作的桥梁。对于工业项目来说，包括建设项目各分部工程的详图和零部件、结构件明细表，以及验收标准方法等。民用工程施工图设计应形成所有专业的设计图纸，含图纸目录、说明和必要的设备材料表，并按照要求编制工程预算书。施工图设计文件，应满足设备材料采购、非标准设备制作和施工的需要。

2.5.3 施工阶段的质量管理方法

由于建筑工程项目在建设阶段生产环节多，生产场所和人员长期处于流动状态，信息数据庞大，加之分部分项工程隐蔽性强等因素的影响，该阶段的工程质量监管难度大，评价要求更高。但无论是勘察、设计、施工，还是机电设备的安装，影响工程质量的因素主要有"人、机、料、法、环"等五大方面，即人工、机械、材料、方法、环境[11,33,34]，其全生命周期质量监管的主要流程如图 2-6 所示。

研究发现，现场缺陷的 20%~40%归因于施工阶段[8]。据 L. Patterson 等人[8] 的研究，54%的施工缺陷与人为因素有关，如操作不熟练的工人或施工监理不足。此外，12%的施工缺陷是由于材料和系统故障[35]。这些统计数字都表明施工阶段的质量管理对于提高建设质量的重要性。后续介绍几种施工阶段质量监管中常见的定量分析的方法。

1. 直方图法

直方图作为传统的质量统计方法，具有显示数据波动情况、直观传递质量信息的功能。通过处理从生产过程中收集的看似无序的数据，直方图法根据质量情况将结果画成以组距为底边、频数为高度的一系列矩形图来反映产品质量特性的分布情况。通过直方图，我们可以判断和预测产品质量，发现数据变化规律、集中程度和波动范围，考察实际生产

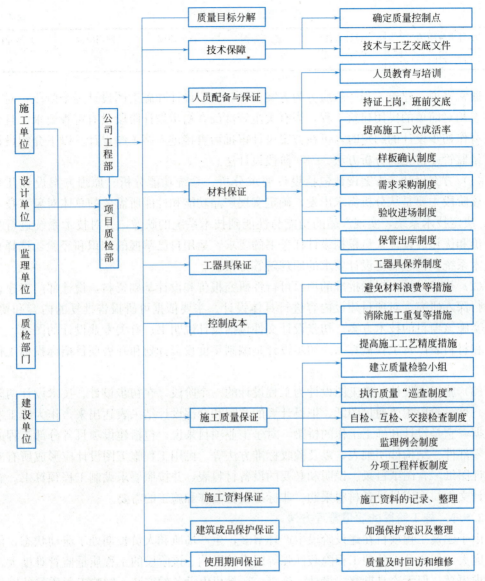

图 2-6 建设工程项目施工阶段质量管理流程图[18]

能力和施工水平。

直方图应用的基本步骤：

(1) 收集数据。从总样本中随机抽选作为直方图的数据，一般为 50~100 组。

(2) 确定极差 R。用样本数据中的最大值减去最小值，即 $R = X_{max} - X_{min}$。

(3) 确定组距 h。一般根据经验公式 $K = 1 + 3.31(\log n)$ 确定直方图的组数，然后用极差除以组数，得到直方图的组距。组数的确定要适当，一般在 6~20 组。正态分布时往往取奇数个组。

(4) 确定各组界限值。为避免出现数据值与组界限值重合的情况，组的界限值单位应取最小测量单位的 1/2。

(5) 编制频数分布表。把多个组上下界限值分别填入频数分布表内，并把数据表中的各个数据列入相应的组，统计各组频数据。

（6）绘制直方图[18]。

下面以某主体混凝土工程为监测主体（混凝土强度等级为 C25，选取 100 组数据），运用前述的直方图法进行统计分析，样本资料具体见表 2-2。

样本资料[36] 表 2-2

序号	混凝土试块抗压强度（MPa）									行中极值统计	
										最大值	最小值
1	29.8	27.5	31.5	30.7	29.9	28.3	32.6	30.5	29.1	32.6	27.5
2	27.9	29.5	31.2	30.0	28.5	31.4	30.4	29.9	31.3	31.4	27.9
3	31.4	30.9	29.9	28.0	30.6	30.8	30.3	29.1	31.2	31.4	28.0
4	32.1	29.8	33.8	28.6	30.2	30.1	31.5	30.7	28.7	33.8	28.6
5	29.8	27.3	28.8	31.8	30.6	29.7	30.4	29.0	31.3	31.8	27.3
6	31.5	29.6	28.7	32.2	30.9	29.4	28.2	27.8	29.4	32.2	27.8
7	28.0	29.3	32.2	33.7	28.4	31.2	30.6	27.9	28.4	33.7	27.9
8	28.7	29.0	32.0	33.1	30.2	29.4	28.6	27.5	29.8	33.1	27.5
9	30.6	32.1	31.3	29.4	27.9	28.3	29.7	30.1	31.2	32.1	27.9
10	30.3	32.1	29.9	30.2	31.6	30.8	29.7	28.9	31.4	32.1	28.9
11	34.1	32.6	31.9	29.8	30.2	31.3	32.6	31.7	33.2	34.1	29.8
12	30.2									30.2	30.2
										最大值 34.1	最小值 27.3

1）统计极值为：$X_{max} = 34.1 \text{MPa}$ $X_{min} = 27.3 \text{MPa}$

2）计算极差为：$R = X_{max} - X_{min} = 34.1 - 27.3 = 6.8 \text{MPa}$

3）数据分组：取 $K = 9$

4）计算组距：$h = \dfrac{R}{K} = \dfrac{6.8}{9} = 0.76 \text{MPa}$。这里需要适当调整，防止出现边界和原始数据重合，如果向上取 0.8 也会出现重合，所以取 0.9 为组距进行计算。

5）计算各组区间范围并统计频数。

第一组下界值：$X_{min} - \dfrac{h}{2} = 27.3 - 0.45 = 26.85 \text{MPa}$

上界值：$X_{min} + \dfrac{h}{2} = 27.3 + 0.45 = 27.75 \text{MPa}$

根据数据分组区间的连续性原则，依次推出其余各组上下界值，统计各组频数，结果如图 2-7 所示。

6）绘制频数直方图（图 2-7）。

通过对上述频数直方图观察分析可得：从直方图的分布形态，可界定为正态分布，同时实际质量特性值范围在质量标准要求界线中，说明生产过程正常、质量稳定。此种情况下浇筑成的主体混凝土都是合格产品[18,36]。

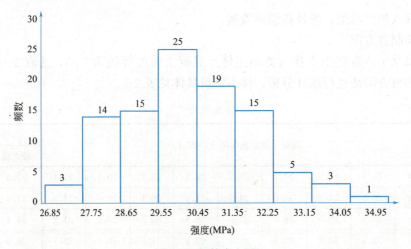

图 2-7　频数直方图

2. 控制图法

全生命周期管理强调以预防为主，要求在整个项目实施过程中，尽量少或不产生不合格产品。这就需要研究两个问题：一是怎样在项目实施过程中具有不产生不合格产品的能力，涉及工序能力或过程能力问题；二是如何保持这种能力，涉及工序控制或过程控制问题。这两个问题都强调了动态控制，控制图法具有诊断、控制过程稳定性和预警的作用，是解决这两个问题的有效方法。

控制图法通过测定、记录、评估过程质量的特性，随时掌握产品质量特性值的分布状况，来判断过程是否处于受控状态。控制图种类很多，本书介绍的是平均值—极差控制图（$\overline{X}$-R 控制图）。它以时间和产品某质量特性为坐标轴。图上有中心线（CL）、上控制线（UCL）和下控制线（LCL）三线，其中，中心线为中间的一条细实线，是所控制的统计量的平均值，上下控制界限与中心线相距数倍标准差。

绘制控制图的基本步骤：

（1）识别关键过程；

（2）确定过程关键变量（特性）；

（3）制定过程控制计划和规格标准；

（4）过程数据的收集、整理；

（5）绘制控制图；

（6）过程能力分析。

下面是根据某工程混凝土试块强度数据，通过相应的计算画出的混凝土试块强度平均值控制图（图 2-8）和极差控制图（图 2-9）。

通过观察分析以上两个控制图可以发现：混凝土试块强度平均值有个别数据点超出了上下限，表明生产过程发生了异常变化。而所有数据点都没有超过极差的上限，下限表面混凝土强度也基本处于稳定状态，尚在正常范围内。因此，基本可以断定该分项工程质量满足要求[18]。

3. 因果分析法

因果分析法主要是借助于因果图来进行分析，该方法主要是分析品质特性和影响品质

2.5 建设工程项目全生命周期各阶段的质量管理方法

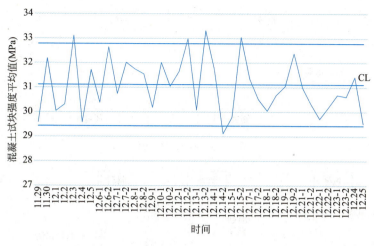

图 2-8 混凝土试块强度平均值控制图

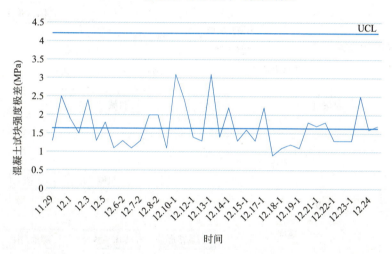

图 2-9 混凝土试块强度极差控制图

特性因素间的关系。在具体分析过程中,通过把握现状、分析原因,制定应对措施来实现。因果分析图由于形状像一鱼尾的骨架而得名鱼骨图(图 2-10、图 2-11)[37]。分析因果的方法包括随机方法、系统方法及过程分析方法(图 2-12~图 2-14)等。

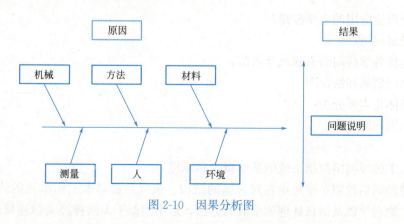

图 2-10 因果分析图

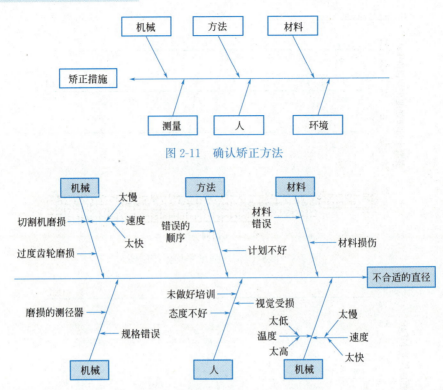

图 2-11 确认矫正方法

图 2-12 随机方法

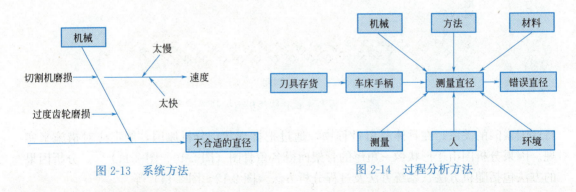

图 2-13 系统方法

图 2-14 过程分析方法

因果分析法应用的主要步骤：
(1) 确定问题；
(2) 选择各学科间的头脑风暴团队；
(3) 画问题箱和箭线图；
(4) 具体化主要分类；
(5) 识别问题原因。

4. 人工神经网络控制系统

(1) 人工神经网络控制系统的基本概念和原理

人工神经网络控制系统是指在对人脑的结构、组成及最基本工作单元的认识基础上，综合数学、物理学以及信息处理等学科的方法，运用类似于大脑神经突触连接的结构进行

2.5 建设工程项目全生命周期各阶段的质量管理方法

信息处理的一种由人工方式构造网络系统模拟人脑神经系统的功能及结构的数学模型。人工神经网络理论突破了传统的、线性处理的数字电子计算机的局限,是一个非线性动力学系统,其信息处理由人工神经元间的相互作用来实现,由连接权来传递,具有自适应性、学习能力和连接强度的可变性[38]。

建筑工程质量的影响因素众多,且隐蔽性强,其包含的质量信息数据繁多,项目风险因素的大小和质量目标存在非线性关系,难以用具体的模型来描述[39]。而人工神经网络控制系统能够充分逼近任意复杂的非线性系统,允许大规模的并行运算,同时处理大量施工数据,并对工程质量进行仿真评定,有效解决上述问题。目前,该控制系统普遍采用的是比较成熟的 BP 神经网络(Back Propagation Neural Network),一种按照误差反向传播算法训练的多层前馈神经网络,通过对控制量的输入,使工程的实际质量程度等于期望的质量目标。其风险控制结构如图 2-15 所示[18]。

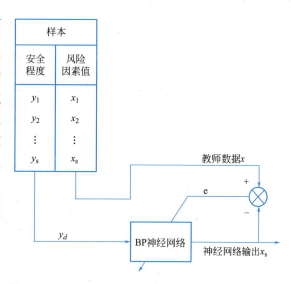

图 2-15 神经网络风险控制结构[18]

由图 2-15 可知,在工程质量监管的过程中,该系统把质量目标作为神经网络的输入值,风险因素值作为输出值,用工程的实际值对神经网络进行训练。在运用神经网络进行质量控制时,把期望的质量目标输入即可得出相应的风险控制输出值[18]。

(2) 人工神经网络控制系统的建立

基本的 BP 神经网络由输入层、隐含层和输出层三个神经元层组成,其结构见图 2-16。基本 BP 算法的一般学习过程为:首先给输入层单元到隐含层单元的连接权 v_{hi},隐含层单元到输出层单元连接权 w_{ij},隐含层单元阈值 θ_i 和输出层单元阈值 r_j 赋一个较小的随机值,并将样本的输入值送到输入层单元形成输入层单元激活值和经过一系列正向计算得到的输出层单元激活值,通过不断地调整 v_{hi}、w_{ij}、θ_i、r_j 的阈值,使

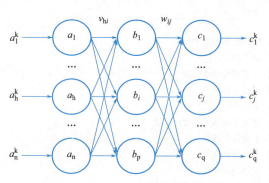

图 2-16 基本 BP 神经网络的拓扑结构

得输入层单元一般化误差及其对应的隐含层单元误差够小或变为零[18,38,40]。

(3) 建筑工程质量综合评价指标体系的建立

同一个工程按从大到小的顺序划分,其关系是工程项目>单项工程>单位工程>分部工程>分项工程。国家对工程质量评定和考核是以单位工程为统计单位的,而单位工程质量评定的基础是分部工程,分部工程质量评定的依据是分项工程,因此认为分项工程质量是保证分部工程和单位工程质量的前提,只有把每一个分项工程的质量搞好,才能保证分

部工程和单位工程的质量,从而保证工程项目的整体质量。根据相关标准和文献资料[1,30,41-44],建筑工程质量评价指标确定为工程项目实体质量、质量保证资料、工程观感质量、设计质量、对环境的影响五个方面及其下属的若干个二级评价指标。本教材提出的建筑工程质量评价指标体系见图 2-17。

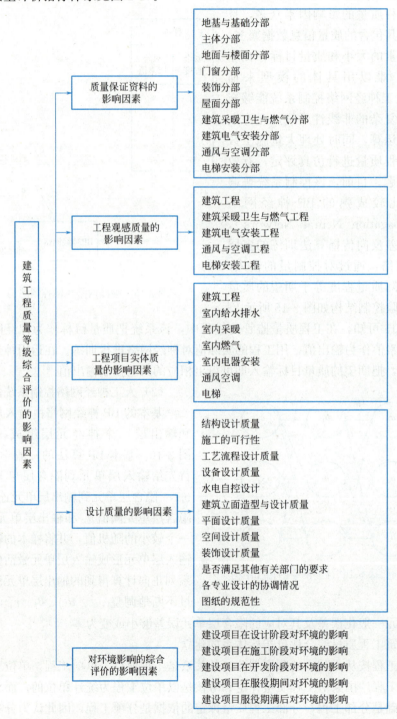

图 2-17　建筑工程质量评价指标体系[1,30,41-44]

以某民用住宅工程质量数据为例,简单介绍 BP 网络在工程质量控制中的应用。本研究首先将原始数据作归一化处理,生成表 2-3。选取网络结构为 5-9-4(输入层节点数为 5,隐含层节点数为 9,输出层节点数为 4)。1000 代表质量等级为"优",0100 代表"良",0010 代表"合格",0001 代表"不合格"。将表 2-3 中的数据作为网络输入输出样本值。前 10 组作为学习样本,后 5 组作为测试样本,网络的预期误差 0.001[18]。

建设工程项目质量评价数据[18]　　　　　　　　　　　　　　　表 2-3

序号	工程质量因素评价(输入节点)					质量评价（输出）
	实体质量	质量保证材料	观感质量	设计质量	对环境的影响	
1	0.77	0.766	0.77	0.772	0.766	优
2	0.82	0.6789	0.76	0.812	0.781	优
3	0.767	0.711	0.723	0.678	0.751	良
4	0.645	0.711	0.658	0.642	0.711	合格
5	0.751	0.667	0.745	0.732	0.723	良
6	0.623	0.724	0.699	0.711	0.689	合格
7	0.712	0.699	0.71	0.608	0.721	合格
8	0.758	0.832	0.865	0.812	0.766	优
9	0.342	0.587	0.524	0.658	0.61	不合格
10	0.324	0.512	0.236	0.586	0.712	不合格
11	0.658	0.725	0.681	0.568	0.623	合格
12	0.711	0.628	0.756	0.812	0.645	合格
13	0.825	0.756	0.87	0.766	0.812	优
14	0.785	0.658	0.845	0.688	0.845	良
15	0.856	0.786	0.822	0.745	0.836	优

训练好的网络即可作为工程项目质量等级的预测模型。把后 5 组数据输入到神经网络中,经过计算,网络的预测值见表 2-4[18]。

网络预测值与工程实际值的比较[18]　　　　　　　　　　　　表 2-4

样本	实际输出结果				期望输出结果			
1	0.000033	0.00267	0.999958	0.000023	0	0	1	0
2	0.000027	0.00077	0.999966	0.000045	0	0	1	0
3	0.999941	0.00058	0.000026	0.000026	1	0	0	0
4	0.000038	0.99995	0.000019	0.000066	0	1	0	0
5	0.999981	0.00067	0.000034	0.000056	1	0	0	0

2.5.4 运营维护阶段的质量管理方法

项目运营维护阶段质量监管主要分为定量和定性两种,定量的方法主要是采用模糊综合评价法,定性的方法主要是运用失败学理论。下面将对这两种运营维护阶段常用的质量监管方法进行介绍。

1. 模糊综合评价法

建筑工程质量的评价需要考虑多种因素。其评价指标分为两级：一级评价指标包括工程项目实体质量、质量保证资料、工程观感质量、设计质量、对环境的影响等五个方面。在各个一级评价指标下包含若干个二级指标，例如工程项目实体质量指标下包含地基与基础工程、主体工程、建筑装饰装修工程等二级评价指标。在这种复杂的情况下，建设项目的优良情况仅依据企业自评资料和少数专家对工程质量的评定，极易造成评定结果的失真。

模糊综合评判最早由汪培庄提出，应用模糊变换原理和最大隶属度原则，考虑与评价事物相关的各个因素，对其作出综合评价。模糊综合评价法将定性评价转化为定量评价，具有结果清晰、系统性强等特点，能较好地解决模糊的、难以量化的问题，如建筑工程质量影响因素问题。

模糊综合评价法的应用步骤：

①由相关部门的有关专家组成评价小组；②确定评价项目集及评价尺度集；③由专家对评价项目进行评分，确定各评价项目的权重；④按照已经确定的评价尺度对各经销商选择的评价项目进行模糊评定，确定隶属度矩阵；⑤计算模糊合成向量；⑥评价；⑦对评价结果进行分析，作出合理决策。

在数据处理方面，记 $X=x_1, x_2, \cdots, x_n$ 表示评价指标的集合，称为因素集；$Y=y_1, y_2, \cdots, y_n$ 表示被评价对象的集合；$Z=z_1, z_2, \cdots, z_n$ 表示评价等级的集合，称为决策集。$X \times Y$ 上的模糊关系 A 表示 X 中的指标对于评价对象 Y 中元素的重要程度，$Y \times Z$ 上的模糊关系 R 表示 Y 中的元素在 X 中各指标下与 Z 中元素的贴近程度，则模糊合成 $A°R$ 可看作 $X \times Z$ 上的一个模糊关系，表示 X 中各指标综合评价对于 Y 中对象隶属于 Z 中各等级的程度[18]。

2. 失败学理论

失败学理论是管理学中新兴的分支学科，构建"失败学"的想法最早由日本东京大学烟村洋太郎教授于2000年提出，倡导在科学技术、工程、生产领域将失败情报知识化、共有化，以规避失败，指导获取成功。失败学是从揭示潜藏于事物中的不协调因素开始，研究导致失败发生的路径、风险源因素，及时根据失败先兆预警，提出避免失败的控制方法[45,46]。

建筑工程一旦进入运营维护阶段，其前期质量已不能由使用者现在或将来的任何决策改变。针对建筑工程运营维护阶段质量形成的过程，可探讨组建建筑工程质量协会，作为政府部门与建筑工程消费者及工程责任主体之间沟通的桥梁，加强工程使用阶段的质量监管工作。建筑工程质量协会通过大量调查、收集、统计以往的工程失败案例，从中吸取失败教训，找出其失败风险源因素，特别是运营维护阶段使用不当等造成的质量风险源因素，将其转为失败知识，建立工程失败知识库，并尝试建立运营维护阶段工程质量失败监测预警体系（图2-18）。

运营维护阶段的质量责任相关者可以借鉴工程失败知识库中类似工程经验，在工程运营维护阶段根据事物的某些征兆信息来对运营过程中可能发生的不利因素进行预警，不再对现有建筑产品产生新的质量破坏或损伤[18]。

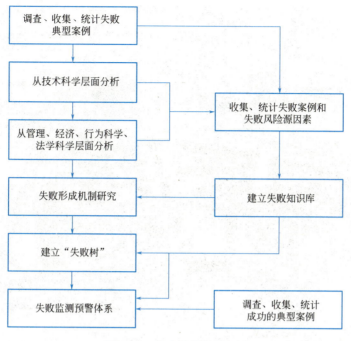

图 2-18 技术路线示意框图

2.6 案例分析

2.6.1 工程基本概况——上海科技大学体育场

上海科技大学体育场工程位于上海市大学园区的最西侧,地势平整,环境优美,交通方便,配套齐全。本工程总建筑面积为 2903m²,看台建筑平面呈弓字形,大部分采用钢筋混凝土框架结构,顶棚采用钢-膜结构,最大悬挑长度约 23m,最高建筑高度为地上 23.32m[37]。上海科技大学地块分区图,如图 2-19 所示。

具体建设内容如下:

(1) 体育场主体工程。建筑面积 2903m²,地上 1 层 (23.32m),钢筋混凝土框架结构,基础采用桩、承台、基础梁的形式,桩长 29m。

(2) 体育场屋面工程。钢-膜结构屋面,钢结构部分采用大悬臂弯截面实腹钢梁,前后缘端部及悬挑根部设三道钢管拱将各悬挑钢梁连成整体钢梁,最大悬挑长度约 23m。

(3) 体育场电气工程。变压器装接容量 370kW,服务于消防设备、插座回路、水泵电机及相关照明设施。

(4) 体育场给水排水工程。分别提供生活用水和两路消防用水,最高单日排污量 20.3m³/d,屋面雨水每 5 分钟排水强度 487L/(s·hm²)。

(5) 体育场弱电工程。含通信、综合布线、有线电视、火灾自动报警、公共和应急广播、大屏比分显示系统、安防系统和一卡通系统。

(6) 配套运动设施工程。400m 标准田径场、4 片篮球场、7 片排球场、6 片网球场、3 片手球场等运动场地。

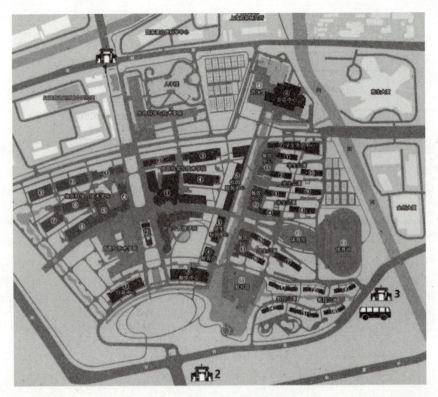

图 2-19 上海科技大学地块分区图

项目建设周期为 18 个月，于 2014 年 12 月开工建设，2016 年 3 月完成备案制竣工验收工作。

项目的主要参建单位：

(1) 项目建设单位：上海科技大学（筹建办）。

(2) 项目设计单位：同济大学建筑设计研究院（集团）有限公司，上海市政工程设计研究总院（集团）有限公司，华东建筑设计研究院有限公司。

(3) 项目施工单位：上海市政建设有限公司。

2.6.2 项目总体质量目标

上海科技大学体育场工程的质量应严格满足最终使用方对于建筑的适用性要求、运营维护便捷性要求以及与建设区域周边环境的适应性要求等。质量控制严格按《质量管理体系要求》GB/T 19001 族标准和建设单位质量管理体系要求运行，在满足各强制性规范的前提下，争创"上海市白玉兰工程"。所有分部工程质量全部合格，分项工程优良率 90% 以上，分部工程优良率 85% 以上。所有质量保证资料以及相关档案齐全。观感质量评定得分率达到 90% 以上，杜绝重大安全责任事故；安全无重大伤亡事故，轻伤负伤率小于 8%，确保安全文明施工工地。单位工程竣工一次交付合格。项目业主方质量保证体系包括：从项目的策划阶段开始，全员参与讨论，建立工程的质量控制流程和质量管理系统（图 2-20、图 2-21）；工程进行中的各阶段严格按照指定的体系控制质量，并做到持续改进质量控制体系。业主方质量保证体系质量控制措施见表 2-5。

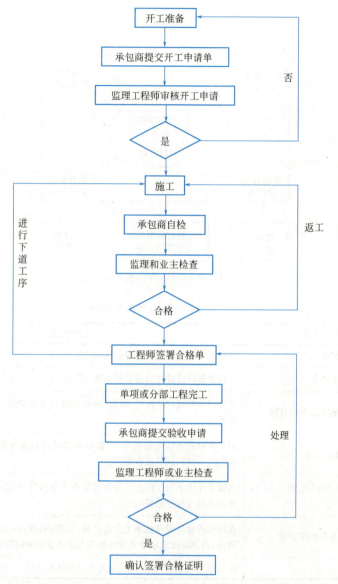

图 2-20 工程质量检查控制流程

2.6.3 决策阶段质量管理

（1）项目建议书阶段质量控制措施：业主方对项目拟建地点进行了反复论证，组织学校相关体育教研组和项目的最终用户（学生、老师等）对体育场项目今后最终的功能定位进行分析，论证今后举行大型赛事的类型、规模、频率以及大学城周边体育场数量和定位，对体育场的维护费用进行分析，经校长办公会议，否决了工程附设游泳池提议，并确定了最终的建设方案，由专业项目咨询公司对研究论证意见进行归类，完成项目建议书。

（2）项目可行性研究阶段质量控制措施：经过严格的可行性研究工作，对于重点问题反复论证，报告体现出了体育场工程独有的特点，对其进行有针对性的调研论证（表 2-6）。

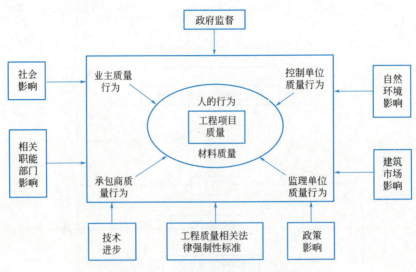

图 2-21 工程质量管理系统示意图

业主方质量保证体系质量控制措施　　　　表 2-5

序号	具体措施	实施情况
1	质量控制流程建立	项目策划阶段建立质量控制流程(图 2-20)
2	质量保证体系建立	项目策划阶段建立质量管理系统(图 2-21)
3	在合同中明确质量管理目标	在合同中明确严格按照 ISO9000 标准进行质量管理,争取获得"白玉兰"质量奖
4	材料质量审核	对工程材料进场质量把关,严格控制进场材料进场的条件(具备产品合格证、工厂合格、试验报告等)
5	施工过程中控制关键工序的质量	关键工序由承包单位出具专项方案和作业指导书,业主和监理方审核方案并在实施过程中监督
6	施工单位及个人资质管理	在招标投标阶段考核施工企业资质、信用,对项目经理进行面试,审核执业资格,设计阶段严格要求设计相关人员具备相应的执业资格
7	持续改进	全员参与问题的讨论,持续补充和完善体系文件

可行性研究程序　　　　表 2-6

序号	步骤	工作流程
1	工作开始	确定可行性研究的范围及目标
2	背景调查	对建设工程具体条件、市场条件进行调研
3	方案优选	提交多个设计方案,讨论优选
4	确定方案	估算投资费用、保养费用,论证并确定方案
5	报告书	编制可行性研究报告书
6	资金计划	根据确定的方案编制资金筹措计划

结合全生命周期管理的特点,加大业主方对于前期工作的力度,有针对性地对建筑的功能定位进行分析,为设计和施工阶段制定质量目标;对保养费用进行预估,选择最优的

运营维护方案，降低今后改建和维护风险，为后期运营阶段的质量管理打好基础（表2-7）。

可行性研究阶段质量控制措施　　　　　表 2-7

序号	具体措施	实施情况
1	技术可行性	具体研究钢—膜结构的实施先例，针对施工难点进行技术论证
2	资金筹措可行性	编制具体的资金筹措计划，在项目全生命周期每一阶段设置资金控制点
3	周边环境可行性	周边地理、气候环境是否符合体育场工程建设条件
4	需求分析	与最终用户研讨功能需求，确定举办大型赛事的类型及规格
5	信息沟通	对拟建项目安全、噪声、灯光照射影响分析，确定建筑对周边环境的影响程度

综上所述，在策划阶段，该项目主要对可能出现质量问题的几个因素（技术、资金、环境、需求和后期维护等）进行控制，通过调研、开需求会议、编制资金筹措计划等方式，确定了最优方案，为设计、施工和运营维护阶段制定了质量目标，体现了全生命周期管理的理念。

2.6.4　勘察设计阶段质量管理

本次勘察设计工作的主要任务及设计依据是：

（1）设计合同；

（2）相关部门的有关文件、函件、会议纪要等；

（3）有关规范、规定、标准等；

（4）工程可行性研究报告、初步设计评审有关资料。

勘察设计阶段的主要工作有：确保设计单位提交的设计方案及图纸在合同规定的合理时间范围内；对设计单位提交的技术文件进行规范性审查，确保符合相关设计规范；对设计方案审核，确保方案符合业主需求，并且在业主限定的经济指标范围内；对施工单位进行全面的技术交底，解答施工单位提出的问题，并针对实际情况，派出经验丰富的工程技术人员进驻施工现场进行指导，发现问题及时处理并提供相关的技术支持，最大限度地减少工程建设的延误以及由此带来的损失。因为项目勘察设计工作影响因素相似，所采取的控制措施也相应类似，即确保设计人员的资质和专业性满足业主的要求，勘察设计成果符合规范，勘察设计和服务符合合同要求。设计单位能够有针对性地对业主方提出的建议进行吸收，选用合适的建材，以降低今后的维护风险。勘察设计阶段的质量控制措施见表2-8。

勘察设计阶段质量控制措施　　　　　表 2-8

序号	具体措施	实施情况
1	业主审查符合规范情况	符合《岩土工程勘察规范》GB 50021—2001、《建筑工程设计文件编制深度规定》，且各专业均符合现行设计规范
2	业主审核符合业主方意图的情况	审核现行设计符合业主方设计意图，设计满足业主方对项目教学、举办大赛的要求
3	业主审核经济指标的符合情况	符合经济指标及主要经济指标均在业主提供的指标内的情况
4	业主审核勘察设计人员资质	审核勘察单位岩土工程师、设计单位一级注册工程师。各专业设计、审核人具备相应设计资质并做过类似项目的设计工作，设计图由本人绘制、项目设计交底由设计师本人参加等情况

续表

序号	具体措施	实施情况
5	提交时间	通过合同约束,成果提交在合同规定的合理时间内
6	设计深度	业主方邀请外部专家审核设计成果质量
7	通过合同约束配合情况	通过合同约束,勘察设计单位和相关设计人员能够按照合同规定的响应时间,参与设计交底会议,解决设计疑问,提出意见

2.6.5 施工阶段质量管理

在项目的施工阶段,对于项目施工质量的控制,项目需要充分做好事前、事中、事后的三阶段控制,对不利因素进行分析归类,提前做好充分准备,并采取相应措施,确保将不利因素对工程施工质量的影响程度降到最低。项目施工阶段质量控制措施见表2-9。

施工阶段质量控制措施　　　　表2-9

序号	具体措施		实施情况
1	人员因素控制		严格把控参与施工人员的技术资质及执业资格,所有项目相关的设计、施工、监理及项目管理人员,以及各相关工种的技术工种做到持证上岗;施工前,进行安全和技术交底工作,以确保施工人员能够从本工程特点出发,各司其职;建立培训机制,不断提高技术工人的操作水平,以利于建筑质量控制;制定措施激发人的主观能动性,发挥其在施工过程中的主导作用。真正做到全员参与的质量管理
2	材料因素控制	事前控制	从设计角度出发,在设计阶段考虑周边环境,选用适当材料降低维护成本;招标阶段甄选涉及建筑品质的主要建筑材料,在制定工程量清单的阶段确定;及时了解材料供销情况及工厂信息,确保材料质量
		事中控制	施工阶段根据建设工程的进度需求编制材料采购计划;在施工材料到场时,业主及监理对材料进场验收;钢筋混凝土构件抽样检测;施工材料应加强仓管工作
		事后控制	注意分部工程的抽样和检验,现场的混凝土制作混凝土试块压合格后混凝土拆模
3	施工机械因素控制		施工机械的使用根据实际需要,选择好机械设备,并确定机械设备的各项参数能够满足施工的要求;对于进入施工现场的机械设备经过检查、检验,危险性较大的机械进行专业检测机构的检测,验收合格后投入使用;在投入使用前进行试操作以确保使用安全
4	施工方法因素控制		编制符合工程特点的施工组织方法、施工方案及相关的施工进度计划、施工机械计划及安全文明施工计划等相应的施工方案,使施工人员、施工机具和施工材料有序结合,以控制创造出质量合格的工程
5	施工周边环境因素		做好事前控制,通过现场调查,对周边环境的不利因素进行分析归类,对于可能造成不利影响的,应事先做好充分准备,并采取相应措施;施工时注意建筑工程施工对于周边环境的动态影响,对于沉降等,做好监测,检查施工现场控制给水排水和供电条件是否完好,分析场地空间条件在施工时是否互相干扰、相关通道是否通畅等

此外,应采用一些定性的方法在施工中指导工程质量的检验与验收。建筑工程的施工阶段是建筑工程质量管理的最主要阶段,也是项目质量管理的核心。在质量管理中,需要时刻了解和掌握工序、施工过程中各环节的质量状态,从而根据更新的质量状态作出正确的决策。

上海科技大学体育场工程中,对于混凝土材料的性能,采用直方图法,通过测量标准立方体混凝土试块抗压强度是否满足需求，确保型钢混凝土强度达到设计要求。

(1) 收集立方体混凝土试块抗压数据，具体抗压数据见表 2-10。

(2) 极差 $R = X_{\max} - X_{\min} = 34.0 - 28.7 = 5.3 \text{MPa}$

(3) 数据分组：取 $K = 7$

(4) 计算组距：$h = \dfrac{R}{K} = \dfrac{5.3}{7} = 0.76 \text{MPa}$

(5) 计算各组区间范围并统计频数。

第一组下界值： $X_{\min} - \dfrac{h}{2} = 29.9 - 0.38 = 29.52 \text{MPa}$

上界值：$X_{\min} + \dfrac{h}{2} = 29.9 + 0.38 = 30.28 \text{MPa}$

混凝土强度试压数据表　　　　　　　表 2-10

试块编号	抗压强度(MPa)			最大值(MPa)	最小值(MPa)
1	30.2	29.1	28.9	30.2	29.9
2	33.3	32.6	30.1	33.3	30.1
3	30.8	31.0	30.6	31.0	30.6
4	31.2	31.1	29.8	31.2	29.8
5	30.5	28.9	28.7	30.5	28.7
6	30.3	30.3	30.1	30.3	30.1
7	30.6	30.7	31.0	31.0	30.6
8	30.7	30.9	31.0	31.0	30.7
9	30.0	30.5	30.8	30.8	30.0
10	30.9	30.7	31.1	31.1	30.7
11	32.1	31.1	30.7	32.1	30.7
12	32.2	32.6	30.1	33.3	30.1
13	33.3	33.0	33.1	33.1	33.0
14	30.3	30.3	30.1	30.3	30.1
15	30.7	30.4	31.1	31.1	30.4
16	31.2	31.1	29.8	31.2	29.8
17	29.8	30.1	30.8	30.8	29.8
18	30.6	30.7	31.0	31.0	30.6
19	32.6	318.0	31.8	32.6	31.8
20	30.4	31.4	32.1	32.1	30.4

其他各组试块上下界限值按此计算，之后绘制直方图，如图 2-22 所示。

(6) 质量分析：

综上，直方图和计算出的工序能力显示，本次混凝土材料质量属于"峭壁型"，一般指的是工序质量较差的情况，但是工序能力又显示大于 1.67，属于工序能力完全足够的情

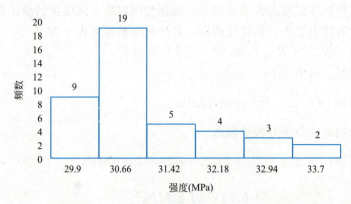

图 2-22 混凝土试块抗压强度频数直方图

况，综合看来，强度分布较集中的区间为 30.28～31.4MPa，该区间强度完全满足 C25 混凝土的设计要求，至此，本批次混凝土材料质量判定为合格。

2.6.6 运营阶段质量管理

在运营阶段影响工程项目质量的因素主要有：人的因素，即运营管理人员对项目的重视程度，对计划的执行程度；资料因素，指竣工资料、图纸、变更资料等详细程度；沟通因素，指与项目的设计、施工、监理单位等信息沟通的渠道；项目参与程度，指项目运营方应参与到项目的竣工验收中来，提前介入并且做到顺利过渡。本项目基于运营阶段的质量影响因素提出了具体的控制措施，见表 2-11。

运营阶段质量控制措施　　表 2-11

序号	具体措施	实施情况
1	合理建立运营组织机构	合理建立运营的组织机构，明确责权利，从合同上约束运营方工作质量
2	竣工资料完整移交	业主方与项目监理方及时审核竣工资料完整性与正确性，要求能够实际反映工程的现状
3	建立完善的沟通渠道	业主方协助运营方，与项目参建各方建立完善的沟通渠道，确保运营方在遇到问题时能够实际了解建设期间的状况
4	从验收阶段开始介入	运营方从竣工验收阶段介入项目的竣工验收，从运营的角度参与竣工验收，提出项目的不足与整改要求，参与整改的验收，确保移交的项目是完善的

2.7 本章小结

目前的建筑工程质量监管采取的普遍方法是质量检验，属于一种事后控制的方法。各质量监管主体全生命周期管理的意识淡薄，缺乏项目各阶段、各部门间的有效沟通，不能及时预测、发现、分析和解决质量问题，无法实现建筑工程全过程、全方位的质量监管。然而，工程项目的建设是一个连续的过程，任何一个环节出现问题必然会影响下面环节的质量控制，进而影响工程的整体质量。为了能高质量地完成项目，需要对工程项目的全生命周期进行严格的质量控制。

本章在分析了现行建筑工程质量管理体系存在问题的基础上，引出建设工程项目全生命周期质量管理的内涵，分析了建设工程全生命周期质量管理的主要责任主体，重点介绍了建设工程项目各阶段质量管理的内容和分析方法。

思考与练习题

1. 简述建设工程全生命周期质量管理的优势。
2. 简述建设工程全生命周期质量监管的主要特点。
3. 简述建设工程全生命周期质量监管的目标。
4. 简述建设工程全生命周期质量管理的责任主体。
5. 简述建设工程项目勘察设计阶段质量管理的主要内容。
6. 简述建设工程项目施工阶段质量管理的主要内容。
7. 简述建设工程项目全生命周期不同阶段常用的质量管理方法。

本章参考文献

[1] 中华人民共和国住房和城乡建设部. 建设工程项目管理规范：GB/T 50326—2017 [S]. 北京：中国建筑工业出版社，2017.

[2] 国家质量技术监督局. 质量管理—项目管理质量指南：GB/T 19016—2000 [S]. 北京：中国标准出版社，2000.

[3] 成虎，肖静，虞华. 工程项目管理 [M]. 2版. 北京：高等教育出版社，2013.

[4] 刘佳鑫，谢吉勇. 基于全寿命周期的建筑工程质量监管模式研究 [J]. 建筑与预算，2015（11）：5-11.

[5] 张小强. 基于全寿命周期的建筑工程质量监管模式及方法探索 [J]. 建筑设计管理，2016（8）：34-35.

[6] AKINCI B，BOUKAMP F，GORDON C，et al. A formalism for utilization of sensor systems and integrated project models for active construction quality control [J]. Autom constr，2006，15（2）：124-138.

[7] JOSEPHSON P E，HAMMARLUND Y. The causes and costs of defects in construction：A study of seven building projects [J]. Autom constr，1999，8（6）：681-687.

[8] PATTERSON L，LEDBETTER W. The cost of quality：A management tool [J]. Excellence in the construction project，1989：100-105.

[9] 秦博. 城市工程项目质量数字化监管研究 [D]. 武汉：华中科技大学，2007.

[10] BRICOGNE M，EYNARD B，TROUSSIER N，et al. Building lifecycle management：Overview of technology challenges and stakeholders [C]. IET International conference on smart and sustainable city（ICSSC 2011），2011：1-5.

[11] 程志雄. 浅析建筑工程质量管理问题及措施 [J]. 河南建材，2011（2）：62-63.

[12] 洪天超. 建筑全寿命周期的工程质量综合管理探讨 [J]. 福建工程学院学报，2010，8（S1）：98-101.

[13] VANLANDE R，NICOLLE C，CRUZ C. IFC and building lifecycle management [J]. Autom constr，2008，18（1）：70-78.

[14] 孙峻，丁烈云，曹立新. 建设工程全寿命周期质量监管体系研究 [J]. 建筑经济，2007（12）：28-30.

[15] 建设部建设工程质量安全与行业发展司. 2005年全国建设工程质量监督执法检查分析报告 [J]. 工

程质量，2006（7）：1-13.

[16] ARDITI D，GüNAYD₁ N H. Total quality management in the construction process [J]. International journal of project management，1997，15（4）：235-243.

[17] KHATATBEH A A. The degree of using methods of quality management in the implementation of construction projects in jordan [J]. Civil and environmental research，2014，6（9）：108-117.

[18] 韩国波．基于全寿命周期的建筑工程质量监管模式及方法研究 [D]．北京：中国矿业大学（北京），2013.

[19] HAN G B，GAO Q C，MA J H. Study on quality risk management of construction project quality control [M]. Beijing：China Architecture & Building Press，2006.

[20] 刘海平．高速公路工程项目质量管理 [J]．财经问题研究，2014（S1）：197-200.

[21] 李艳菊．体育中心建设项目可行性研究探讨——以武汉光谷体育中心为例 [J]．生态经济（学术版），2010（02）：422-425，430.

[22] 邢红梅．试论基于全生命周期质量管理理念下的建筑工程管理 [J]．城市建设理论研究（电子版），2019（08）：50，25.

[23] 张军鹏．建筑工程项目管理的质量控制策略探究 [J]．大科技，2018，2（2）：37.

[24] 张奎，刘建，王发坤．建筑工程项目施工阶段的质量控制研究 [J]．中国高新技术企业，2008（13）：232-233.

[25] 张凤藻．对《建筑工程质量检验评定标准》的几点商榷意见 [J]．建筑技术，1984（02）：50-52.

[26] 李健．建筑工程项目施工阶段质量控制的系统研究 [D]．南昌：南昌大学，2009.

[27] 苏安阳．土木工程建筑施工管理分析 [J]．建材发展导向（上），2015（8）：102-103.

[28] 姜伟新．最新房屋建筑工程与市政基础设施工程竣工验收备案操作标准及实施要点实用手册 [M]．北京：中国建筑工业出版社，2009.

[29] 董莉莉，谢月彬，王君峰．用于运维的桥梁 BIM 模型交付方案——以港珠澳跨海大桥项目为例 [J]．土木工程与管理学报，2017，34（06）：45-50，56.

[30] 编写组．工程建设质量管理系列丛书—建筑工程质量管理全书 [M]．北京：中国建材工业出版社，2001.

[31] 苏永强．建筑工程设计文件质量评价理论与方法研究 [D]．北京：中国矿业大学（北京），2009.

[32] 连显跃．建筑工程设计项目过程质量控制方法及应用 [D]．郑州：郑州大学，2007.

[33] 梁祖生．建筑施工中质量管理策略研究 [J]．中国新技术新产品，2011（01）：164.

[34] 王友群．BIM 技术在工程项目三大目标管理中的应用 [D]．重庆：重庆大学，2012.

[35] OPFER N. Construction defect education in construction management [J]．2020.

[36] 哈罗德·科兹纳．项目管理：计划、进度和控制的系统方法 [M]．11 版．杨爱华，王丽珍，洪宇，等译．北京：电子工业出版社，2014.

[37] 孙卿．SHYX 体育场工程项目全过程质量管理研究 [D]．沈阳：东北大学，2015.

[38] 何颖．人工神经网络在建筑工程施工质量管理中的应用研究 [D]．南京：南京理工大学，2010.

[39] WANG Y R，KONG S L. Applying genetic algorithms for construction quality auditor assignment in public construction projects [J]. Autom constr，2012，22：459-467.

[40] SKIBA M，MROWCZYNSKA M，BAZAN-KRZYWOSZANSKA A. Modeling the economic dependence between town development policy and increasing energy effectiveness with neural networks. Case study：The town of Zielona Gora [J]. Appl energy，2017，188：356-366.

[41] 沙凯逊．建筑设计质量评价：国际经验的启示 [J]．建筑经济，2004（04）：80-83.

[42] 符耀伟．建筑安装工程质量监督检验评定实用大全 [M]．北京：中国建材工业出版社，1998.

[43] 石华旺．基于模糊遗传神经网络的建筑工程质量综合评价研究 [D]．邯郸：河北工程学院，2005.

[44] 中华人民共和国建设部. 建筑工程施工质量验收统一标准 GB 50300—2001 [M]. 北京：中国建筑工业出版社，2001.

[45] YATES J，LOCKLEY E. Documenting and analyzing construction failures [J]. Journal of construction engineering and management，2002，128（1）：8-17.

[46] 李惠强，吴贤国. 失败学与工程失败预警 [J]. 土木工程学报，2003，36（9）：91-95.

第3章　建设工程项目全生命周期造价管理

本章要点及学习目标

本章首先介绍了全生命周期工程造价管理的定义和特点，分析了全过程造价管理模式的现状及弊端，以及全生命周期工程造价管理相比较于全过程造价管理的优越性。重点讨论了建设工程项目全生命周期各阶段工程造价管理的内容。最后结合案例让读者加深对全生命周期工程造价管理和成本分析的理解和掌握。在学习本章时，需要全面了解全生命周期工程造价管理的概念及内涵。同时，需要掌握全生命周期各阶段工程造价管理的内容，以及建设工程项目全生命周期成本控制的主要分析方法。

3.1　全生命周期工程造价管理概述

3.1.1　全生命周期工程造价管理的定义

在20世纪70年代末至80年代初，英国工程造价管理学会提出将造价管理范围扩大至竣工后的使用维护阶段的全生命周期的工程造价管理（Life Cycle Cost Management，LCCM）。对于全生命周期成本管理理论而言，最初是由英美国家的工程造价学者和实践者提出并发展而来[1]。早期使用"全生命周期造价管理"一词的文献是1974年在英国皇家特许测量师学会《建筑测量》季刊上发表的《概念的经济学》一文，以及1977年由美国建筑师协会发表的《全生命周期造价分析——建筑师指南》一书。Flanagan（1983）将全生命周期工程造价管理划分为决策阶段、设计阶段、实施阶段、竣工验收结算阶段、运营维护阶段及拆除阶段[2]，如图3-1所示[3]。

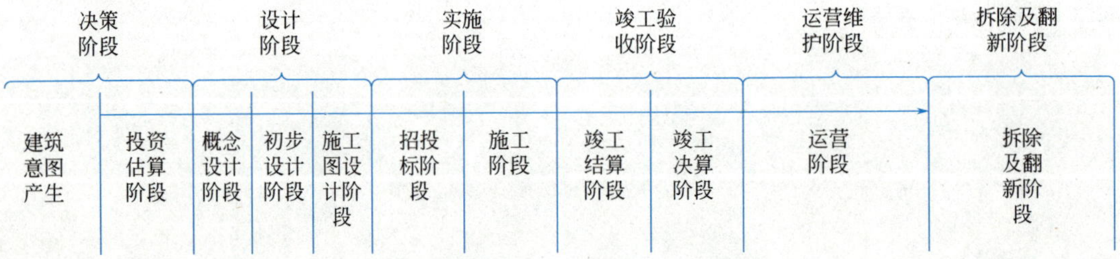

图3-1　工程造价管理的全生命周期

通过对现有各种有关文献的归纳和整理，可以得到如下几种工程项目全生命周期造价管理定义及其核心理念的表述[4]。

（1）全生命周期造价管理是工程项目投资决策的一种分析工具，是一种用来选择决策备选方案的数学方法。

（2）全生命周期造价管理是建筑设计的一种指导思想和手段。LCCM是可以计算工程项目整个服务期的所有成本（以货币值）——直接的、间接的、社会的、环境的等，以确定设计方案的一种技术方法。

（3）全生命周期造价管理是一种实现工程项目全生命周期，包括建设前期、建设期、使用期和翻新与拆除期等阶段总造价最小化的方法，是一种可审计跟踪的工程成本管理系统。

归纳起来，全生命周期造价管理是从建设项目全生命周期的各个阶段（包括投资决策阶段、设计阶段、施工阶段、运行维护阶段、拆除回收阶段）出发去考虑造价和成本问题，运用不同领域（建筑、经济、管理等）的技术方法，实现工程项目整个生命周期总造价的最小化。

全生命周期造价管理思想的核心是从建筑项目各个阶段的造价出发，科学地运用各种管理方法，合理地评估和控制，以最小化的成本实现工程项目的建设和运营。全生命周期造价管理要求人们在建设项目投资决策和分析以及建设项目方案的评估和选择中充分考虑建设项目建设和运营的成本。这是建筑设计中的指导思想和手段，可用于计算建筑项目整个生命周期的全部成本。这是一种最小化建设项目成本的方法，是一种降低建设项目建设成本、降低建设项目造价的技术方法。

全生命周期造价管理包含全生命周期成本分析及全生命周期成本管理。成本分析是用来对建筑工程各个阶段成本的计算，并将未来各个阶段计划产生的成本转化为现在的费用，往往成本分析集中运用在建筑项目的决策阶段。同时，成本分析也是方案选择的一种工具，建设工程全生命周期各个阶段方案的制定和选择可以依靠成本分析为基础。全生命周期造价管理是对建筑项目各个阶段的成本进行控制，从而实现全生命周期最小化成本的目标。从全生命周期造价管理出发，可以看出建筑项目各个阶段的成本都是可以得到控制的，全生命周期造价管理系统是一个可以主动控制和跟踪管理的系统[5]。

从上述对全生命周期工程造价管理的定义可以看出[6]：

（1）上述定义是以工程项目全生命周期的阶段构成和全生命周期造价管理的目标为出发点的。

（2）全生命周期造价管理方法不能只局限于工程项目建设前期的投资决策阶段和设计阶段，还应该进一步在施工组织设计方案的评价、工程合同的总体策划和工程建设的其他阶段中使用，尤其是要考虑项目的运营与维护阶段的成本管理，根据这种定义可以得出的结论是：全生命周期造价管理不仅需要在工程项目造价确定阶段中使用，而且还应该在工程项目造价控制阶段中使用。

（3）全生命周期工程造价管理不仅可以对工程造价进行主动控制，还可以进行事后审计。

3.1.2　全生命周期工程造价管理的特点

建设工程项目全生命周期造价管理具有下述特点[7]：

（1）全生命周期造价管理研究的时域是工程项目的整个生命周期，包括决策阶段、设计阶段、实施阶段、竣工验收阶段和运营维护阶段，而不只是建设阶段。

（2）全生命周期造价管理的目标是工程项目整个生命周期总造价的最小化。全生命周期造价包括建设造价以及未来的运营和维护成本。

（3）全生命周期造价管理包括生命周期造价分析和生命周期造价管理两个内容。生命周期造价分析用来计算工程项目的生命周期造价，主要用在工程项目的投资决策阶段，作为工程项目投资决策的一种分析工具，生命周期造价分析还可以用在设计、实施和运营维护等阶段，用来作为设计方案、施工方案和运营维护方案等方案选择的工具。生命周期造价管理是在工程项目整个生命周期的各个阶段对全生命周期造价加以控制，确保全生命周期造价最小化目标的实现。

（4）全生命周期造价管理从工程项目全生命周期出发去考虑造价问题，使得人们可以在全生命周期的各个环节上，通过合理的规划设计，采用节能、节水的设施和符合国家标准的、节约型的、无污染的环保建材，加强可回收物的收集和储存，实施施工废物处理、一次性装修到位等措施，在生命周期成本最小化的前提下，达到环保和生态的目的，提高工程项目建设的社会效益[8]。

3.2 全生命周期造价管理现状和存在问题分析

3.2.1 全过程造价管理模式的现状及弊端

以定额为计价基础的全过程造价管理模式已不再适合市场经济发展的需要。主要体现在以下几个方面[9]：

1. 设计阶段成本控制不足

（1）缺乏设计成本控制的意识

缺乏设计成本控制的意识，认为压低了设计费用就是降低了成本，或者在决策阶段不重视可行性研究和决策。另外，开发设计阶段中施工单位、物业部门和物料供应商等利益相关者很少参与其中，导致施工变更设计、材料供应不及时、业主不满意等情况出现，实现不了双赢或是多赢。

（2）设计单位内部管理机制不健全

现行设计体制下设计单位内部管理不健全，具体表现如下：可研阶段和投资估算阶段不深入；设计分工不明确，导致缺乏协作，不利于整体效益的实现。

（3）奖惩制度不健全

现阶段我国的法律法规缺乏对设计阶段导致投资浪费或损失的明确界定，同时也对设计优化带来的投资节约缺乏明确的鼓励机制，这就容易导致设计人员仅仅是对设计的技术负责，而缺乏对设计经济优化的动力[10]。

2. 过度重视施工阶段成本

重视施工阶段的成本控制，而对决策、设计、招标等阶段的成本控制缺乏足够的重视。强调建设期成本，而对未来的运营和维护成本不予考虑或考虑很少，不能对全生命周期的工程造价进行有效控制与管理。

3. 项目成本管理多为静态

缺乏对项目成本目标的动态调整和控制。在项目实施过程中对成本的跟踪控制力度不够，事先预控效果较差，直接丧失许多节约成本的机会。

4. 运营维护阶段的成本管理不到位

运营维护阶段的成本管理问题主要有以下两点：

（1）运营维护缺乏主动性

以往对建筑物的质量管理与维护较为被动，一般不会提前预防，而是等到某一设施不能使用的时候才去更换或者检修，有可能会对整个建筑物的运行造成干扰。

（2）运营维护人员工资和能耗占比上涨

随着社会主义市场经济体制改革的深入和人力资源价格的上涨，运营管理成本中劳动力成本所占的比重越来越大；运行多年的老旧设备不及时更新，会产生大量能源浪费，例如长期费水费电，会产生大量的费用。

存在上述现象的根源是，在现有全过程成本管理模式下，开发商往往以项目建设为导向，导致在项目决策和实施阶段不能系统性地对运营目标进行分析，项目建设目标和运营目标相互脱节，造成极大的资源浪费，不利于项目周期总成本目标的实现。由于行业中各部门条块分割以及模式本身的缺陷，造成了设计部门承包商与业主之间的隔阂，同时也出现了开发设计不管施工建设和运营维护，施工建设照章办事不管开发设计和运营维护的情况[11]。

3.2.2 全生命周期工程造价管理较之全过程造价管理的优势[12]

与全过程成本管理相比，全生命周期工程项目造价管理的优势如下：

（1）从时间跨度的角度来看，全生命周期工程造价管理要求人们从工程项目全生命周期（包括建设前期、建设期、使用期和翻新与拆除期等阶段）出发去考虑造价和成本问题，它覆盖了工程项目的全生命周期，考虑的时间范围更长，也更合理。

（2）从投资决策科学性角度来看，全生命周期成本分析（LCCA），指导人们自觉地、全面地从工程项目全生命周期出发，综合考虑项目的建造成本和运营与维护成本（使用成本），从多个可行性方案中，按照生命周期成本最小化的原则选择最佳的投资方案，从而实现更为科学合理的投资决策。

（3）从设计方案合理性角度来看，工程项目全生命周期造价管理的思想和方法可以指导设计者自觉地、全面地从项目全生命周期出发，综合考虑工程项目的建造成本和运营与维护成本（使用成本），从而实现更为科学的建筑设计，更加合理地选择建筑材料，以便在确保设计质量的前提下，实现降低项目全生命周期成本的目标。

（4）从工程项目实施的角度来看，工程项目全生命周期成本管理的思想和方法可以在综合考虑全生命周期成本的前提下，使施工组织设计方案的评价、工程合同的总体策划和工程施工方案的确定等方面更加科学合理。从环保和生态的角度来看，全生命周期成本管理从工程项目全生命周期出发去考虑造价和成本问题，使得人们可以在全生命周期的各个环节上，通过合理的规划设计，采用节能、节水的设施和符合国家标准的、节约型的、无污染的环保建材，加强可回收物的收集和储存，实施施工废物处理、一次性装修到位等措施，在生命周期成本最小化的前提下，达到环保和生态的目的，提高工程项目建设的社会效益。

3.2.3 全生命周期造价管理的现状分析

建设工程项目在不同阶段产生的成本各自的特点有所不同，并且相互联系和影响，这也使其有了多阶段性；与以往传统的建设项目成本相比，全生命周期成本分析更加复杂，所涵盖的范围更大、时间更长、影响因素也因此更多。建设工程项目全生命周期成本管理目前的应用状况存在以下几个方面的不足：

（1）理论方面，国内对于全生命周期成本管理的研究并不深入，对未来成本没有给出一个清晰的定义，如对环境成本的计量往往忽略外部成本。由于全生命周期成本的历史数据缺失及方法论的不足，对未来成本的计算模型难以提出。

（2）行业方面，国内工程造价专业教育和造价师认证体系缺乏全生命周期成本管理的理论和方法介绍，造价从业人员对全生命周期成本管理还未有足够的重视。现有的项目管理的组织结构把开发管理、实施阶段的业主方项目管理和运营维护阶段的物业管理（DM、OPM、FM）分割开来，相对独立，不利于全生命周期成本管理的实现。

（3）法律法规方面，建设领域法规还不完善，国内没有推行全生命周期成本管理的法律依据。大部分开发商还不具备从项目全生命周期角度考察成本的理念，建设领域对环境成本、社会成本还认识不足，绿色建筑、可持续发展等理念并没有走出概念化的示范起步阶段。

（4）技术方面，国内还缺乏全生命周期成本管理的软件开发和应用[13]。

（5）实际工程方面，虽然全生命周期成本管理理论在我国已经得到广泛的运用与推广，但在实际操作过程中各部门相互推诿的现象时有发生，这在项目亏本时尤为严重。建设项目在成本管理的过程中，由于项目的决策、设计、建造、营销、使用、维护、回收报废阶段的成本分别由不同的部门负责管理，各个阶段的成本又相互影响，易导致负责成本管理的各个部门职责不清、管理方法不当，从而增加建设项目全生命周期成本[14]。

3.3　建设工程项目全生命周期造价管理的内容[5]

建设工程项目的全生命周期通常可以划分为决策阶段、设计阶段、实施阶段、竣工验收阶段和运营维护阶段。不仅各个阶段的成本控制目标不同，而且对项目的全生命周期成本的影响程度也大不相同[15]。如表3-1所示。

工程项目各个阶段费用比例及影响项目造价程度[15]　　　　表3-1

项目阶段	决策阶段	设计阶段	实施阶段	竣工验收阶段	运营维护阶段
发生费用比例	2%～3%	4%～5%	40%以上	1%	50%
影响造价程度	60%～90%	20%～70%	10%～15%	1%	5%～10%

从表中可以看出，工程项目全生命周期中的运营维护阶段所产生的费用达到了50%，对造价的影响很大，但是，对全生命周期成本影响最大的却是决策阶段[16]，各个阶段的职能和工作内容的侧重点不同，对项目的全生命周期成本的影响也不一样。决策阶段对应工程造价管理的投资估算，设计阶段对应工程造价管理的初步设计概算和施工图预算，施工建设阶段对应工程造价管理的招投标价和工程合同价，竣工验收阶段对应工程造价管理的竣工结算和竣工决算，使用阶段对应运营、维护和回收、报废成本。

3.3.1　投资决策阶段的造价管理

建设项目前期的计价与管理工作的主要内容是通过可行性研究论证建设项目投资的必要性和可行性、经济上的合理性和营利性，通过投资估算确定拟建项目的投资费用，对建设项目进行经济和财务分析，并结合建设项目的国民经济评价、社会效益评价、环境影响评价及风险分析判断项目的可行性，判断经济可行性和抗风险能力。

1. 确定建设项目投资方式及其资金的运用

确定建设项目的资金来源。目前，我国建设项目的资金来源有很多，一般是从国内外筹集资金。不同来源的资金成本不同，应根据建设项目及其环境的实际情况选择合适的资金来源。选择合理的资金筹集渠道与方式，资金筹集的渠道和方法主要包括财务预算投资、利用自筹资金投资、利用银行贷款投资、利用外资投资、利用债券和股票投资等。各种渠道和方法的融资成本不尽相同，对建设项目造价产生的影响也不同，对资金筹集的方式进行合理的选择和组合，从而实现建设工程项目资金筹集的可行性和经济性。合理处理影响工程造价的主要因素，包括建设项目的投资决策阶段施工标准水平的确定、施工现场的选择、工艺的选择、设备的选择等因素。这些因素都直接关系到工程造价和成本。因此，建设项目决策的内容是决定建设项目造价是否科学、合理的问题。在建设项目决策阶段编制可行性研究报告时，应对拟建项目的建设方案从技术上的可行性及经济上的合理性等方面进行论证。在选择优化方案的基础上，编制合理的项目投资估算。

2. 建设项目决策阶段的投资估算

投资估算是建设项目决策阶段的主要成本文件，是可行性研究报告的重要内容，也是项目建议书的一部分，是影响建设项目投资成败的重要因素。编制建设项目投资估算，应当根据建设项目的具体内容、国家有关规定和估算指标，并考虑动态因素的影响。编制估算时依据即期价格，如市场价格、利率、汇率等，保证投资估算的质量。

3. 建设项目决策阶段的经济评价

建设项目决策阶段的经济评价是对建设项目和技术方案的经济研究。它是可行性研究的核心内容，是建设项目决策的主要依据。其主要内容是对建设项目的经济效益和投资效益进行分析。建设项目经济分析是指在建设项目决策可行性研究和评价过程中，通过对投入产出等经济因素的考察，运用现代经济分析方法进行综合经济评价。对拟建项目的实施期进行分析预测，合理研究，计算论证，进行综合经济评价。提出投资决策的经济依据，确定最佳投资方案。财务分析是建设项目可行性分析以及经济评价的重要组成部分。建设项目财务分析是基于主体的财务分析，是现行的国家财务制度和市场经济体制的应用表现。通过计算分析建设项目产生的财务支出和收益情况，编制建设项目财务分析报表，计算各经济评价指标，进而得出建设工程项目的盈利能力、财务情况等，并据此判断建设项目财务的可行性。评价结果是决定建设项目选择的重要决策依据。国民经济评价是在遵循我国资源合理配置的原则前提下，从国家角度出发，利用商品影子价格、影子工资、影子汇率、社会贴现率等经济参数对建设项目的效益和成本进行分析计算，评价建设项目的经济合理性。

4. 社会效益评价

社会效益评价即对建筑工程竣工使用后主要社会因素的评价分析，对社会生态环境的影响分析，对增强科学文化技术水平的影响分析，对周边地区的经济水平的影响分析，对产品用户分析，对改善人们的物质文化生活和社会福利影响的分析，对城市的总体规划的分析，以及对提高资源利用率的影响分析。

5. 环境影响评价

环境影响评价是实现社会生态环境可持续发展的重要手段，大多数国家都在建筑工程投资决策阶段对建设项目进行环境影响评价，目的是把环境保护的目标和措施纳入经济和社会发展规划,以便在规划形成的早期阶段认真考虑环境因素以及经济和社会因素。环境影响评价是指对建设项目竣工结束后可能对生态环境产生影响因素的识别、分析和评估,对产生生态环境影响的因素制定防治的措施,并对这些影响因素进行跟踪监测,实现环境的可持续发展。伴随着国家对环境保护的重视和人民群众环境保护意识的提高,必须加强对环境工程的造价管理,特别是工业项目环境工程的投资,其所占比重大,应引起足够的重视。

在决策阶段,从多个可行性方案中,选择全生命周期费用最小的投资方案,实现科学合理的投资决策。资金时间价值理论、成本效益分析、规划理论在投资项目评价时起着重要作用,这些构成了项目投资决策分析的基础理论,并在实际中得到了普遍运用。另外,无论是研究者的知识和经验、主观的判断还是客观的论证、信息源的广泛性、数据的可靠性、论证和研究的深入程度、论证和研究的科学性等都直接影响决策的结果[17]。

3.3.2 设计阶段的造价管理

建设项目设计分为工业建设项目设计和民用建设项目设计。根据住房和城乡建设部文件规定,我国建筑设计分为方案设计、初步设计和施工图设计三部分。对于技术要求简单的建设项目,经相关部门批准,合同中没有规定必须做初步设计的,则可以在方案设计批准后,直接进入施工图设计。建设工程技术难度大和特殊工程项目,可以增设技术设计。前一个阶段的设计文件应该能够满足下一阶段设计文件的需要。每个设计阶段中均包括工程造价文件,各设计阶段工程造价管理的主要工作如图 3-2 所示。

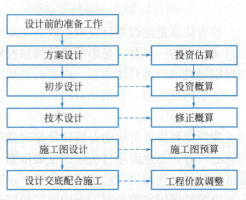

图 3-2 各设计阶段工程造价管理的主要工作

方案设计又称为总体设计,是设计的初始阶段,是建设工程设计中最为关键的一个环节。方案设计是建设项目从粗糙到精细,从构想到真实,由表及里的最具体和最直观的表现过程。方案设计旨在解决整体发展计划方案和建设项目总体部署等重大问题,方案设计要满足下一阶段初步设计的需求,并满足物质及地理环境的要求。该阶段工程造价管理的主要工作是编制各个专业详尽的建筑安装工程造价估算书,检查投资估算是否在投资额度之内,以及建设周期是否满足投资回报要求。

初步设计是整个设计思想逐渐成形的阶段,也是整个设计阶段的关键环节。该阶段工程造价管理的主要任务是分析建设项目的经济合理性,确定总投资和主要技术经济指标。现阶段工程造价管理的主要任务是制定总体概算并进行设计,考察建设项目总概算是否在投资估算限额内。

技术设计是在初步设计的前提下进行不断深化,最终对设计中的技术问题进行确认的过程,针对初步设计中所遇到的重大问题,通过科学试验获得数据,解决初步设计中遇到的问题。该阶段的主要任务是编制修订后的总概算。

施工图设计是建筑设计的最后阶段,它基于初步设计或技术设计所确定的设计原则、建设方案和结构尺寸,根据建筑安装和非标设备制造安装的需要,绘制详细的施工图纸和编制设计说明。现阶段项目造价管理主要任务是编制施工图预算，核实施工成本是否超过批准的初步设计概算。根据施工图预算作为施工招标的依据，施工图预算也可以作为确定合同价格的依据，还可以作为工程价格结算的依据。设计交底和配合施工是在建筑项目的施工阶段。设计单位负责说明设计意图、提交设计文件、解释设计文件、及时解决施工中设计文件产生的问题和设计变更，参与并进行试运转和竣工验收，投入生产及进行工程设计总结。该阶段工程造价管理的主要工作是随变更图纸进行工程价款调整。设计交底标志着设计文件编制完成，在此之后工程造价管理部门就可以编审招投标以后的造价文件，如工程清单、招标控制价、投标报价、施工预算、竣工结算和决算，在实施过程中，对建设项目投资进行分析和比较，及时反馈造价信息，控制项目的投资。设计阶段的造价管理是一个有机联系的整体。方案设计中的投资估算、初步设计中的投资概算、施工图设计中的施工图预算，三者相辅相成，相互补充，共同组成设计阶段的造价管理体系。

3.3.3 施工阶段的造价管理

施工阶段工程造价控制是把计划工程造价控制额作为工程造价控制的目标值，在工程施工过程中定期地进行工程造价实际值与目标值的比较，确保工程造价控制目标的实现。在施工阶段，需要编制资金使用计划，合理地确定实际工程造价费用的支出，以严格的工程计量作为结算工程价款的依据；以施工图预算或工程合同价为控制目标，合理确定工程结算，控制工程进度款的支付；严格控制工程变更，合理确定工程变更价款。在工程项目实施阶段，要在全生命周期造价管理的思想和方法的指导下综合考虑建设项目的全生命周期成本，使施工组织设计方案的评价、工程合同的总体策划和工程施工方案的确定等方面更加科学合理。竣工验收阶段，是确定最终建设造价和考核项目建设效益，办理项目资产移交，进行各阶段造价对比和资料整理、分析、积累的重要阶段，也是项目建设阶段结束、运营维护阶段的开始，是综合检验决策、设计、施工质量的关键环节。要做好建设造价的确定、工程施工质量的评定、生产操作人员的培训等各项工作，为项目进入正式生产运营打下良好的基础[18]。

3.3.4 运营维护阶段的造价管理

建设项目运营维护是建设项目在流通领域简单再生产的延续和价值增值，是由建设项目运营维护管理部门完成的。对竣工验收的工程进行定期的维修和季节性的维护，确保建设项目的完好和正常使用，包括建设项目的正确使用维护管理等工作，是建设项目运营维护管理的重要环节，是为用户服务的重要手段，也是建设项目运营管理部门的基本职责。衡量建设项目运营维护管理水平的优劣，很大程度上取决于建设项目运营维护工作的好坏。

建设项目运营维护造价管理的内容包括采用招投标制度选择建设项目运营管理企业和维修维护队伍，在前期管理中探索建设项目运营管理新模式，打造建设项目管理规模经济。对于房地产开发项目，运营维护阶段是指建设项目的运营管理阶段，即建设阶段的完成和运营阶段的开始。其造价管理实际上是指企业的经营管理、房地产的经营维护，在项目的整个生命周期管理建设中发挥着重要作用。

3.3.5 报废回收阶段的造价管理

报废回收阶段为建设项目生命周期的最后阶段，也是新的项目工程生命周期的开始，项目实体的拆除、废料的回收、设备拆除的残值处理都是该阶段工程造价管理的重点。

3.4 建设工程项目全生命周期成本管理

3.4.1 建设工程项目全生命周期成本的相关概念[19]

美国国家标准和技术局（National Institute of Standards and Technology，NIST）对生命周期成本分析（Life Cycle Cost Analysis，LCCA）和生命周期成本（Life Cycle Cost，LCC）的定义如下[20]：

（1）生命周期成本分析是为了评估获得或运行一个项目、资产或产品的在其生命周期内所有相关的成本的一系列技术。

（2）生命周期成本是一个建筑物或建筑物系统在一段时期内的拥有、运作、维护和拆除的总的折现后的成本。生命周期成本包括初始成本和未来成本。

（3）初始成本是在设施获得之前将要发生的成本，也就是工程造价，包括资本投资成本、购买和安装成本。

（4）未来成本是指从设施开始运营到设施被拆除这一期间所发生的成本，包括运行成本，维护和修理成本，剩余值转售、抢救或处置成本。运行成本是年度成本，去掉维护和修理成本，包括在设施运行过程中的成本。维护和修理成本分为维护成本和修理成本，可以把它们组合在一起，也可以分开计算。但是应该注意这两个成本之间有着明显的不同：维护成本是设施维护有关的时间进度计划成本，可以是每年发生的，即可以视为年度成本，或者频率已知，本书中计算过程将日常维护成本视为年度成本；修理成本是未曾预料到的支出，是为了延长建筑物的生命而不是替换它所必需的，但其时间和频率都是不可预见的，为了简化计算，可以将修理成本分摊到年度维护成本中。

（5）剩余值也称残值，是一个建筑物或建筑物系统在生命周期末的纯价值。研究周期的长度通常是设施生命周期的反映。

美国国家标准和技术局手册（NIST）把整个研究周期分为两个阶段[21]：计划建设期和服务期。计划建设期是从研究之日开始到建筑物可以运作服务期开始为止；服务期是从建筑物可以运行开始到研究结束为止的这一段时期。建设工程项目的服务期也即使用寿命，技术寿命是指工程项目由于技术方面的原因而报废时的寿命，经济寿命是指工程项目由于经济方面的原因而报废时的寿命。

（6）折现值的计算是为了精确地组合初始支出和未来支出。现值计算要用折现率和时间。一般而言，初始支出被认为发生在研究周期的基年，其现值就等于实际成本。未来发生的成本时间可以是基年后至研究周期末的任何时间。未来成本分为两种，一种是年度的，包括运行成本和日常维护成本；另一种是非年度的，包括修理成本及期末残值。

3.4.2 建设工程项目全生命周期成本的构成

建设工程项目全生命周期成本（Life Cycle Cost，LCC）主要着重于成本效益的解决方案，考虑在一个特定的时间内全部的相关成本[22]，即一个建设项目全生命周期内拥有、运行、维护和拆除的总的折现后的货币成本，包括初始成本和未来成本（图3-3）。初始成本是在设施获得之前将要发生的成本，即建设成本，也就是工程造价，包括资本投资成本及购买安装成本。未来成本是指从设施开始运营到设施报废期间所发生的成本[23]。

3.4 建设工程项目全生命周期成本管理

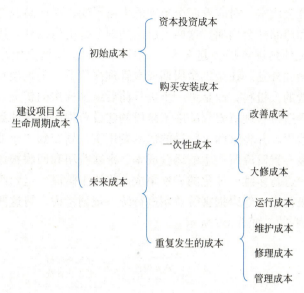

图 3-3 建设项目全生命周期成本

具体而言，建设工程项目全生命周期成本包括设计成本、咨询成本、施工准备和施工成本、运行维护成本和拆除更新成本（图 3-4）。其中，施工准备和施工成本主要包括：土地成本、拆除原有设施成本、人工成本、材料成本、机械设备成本、管理成本、保险、担保、贷款利息以及税金等。设施运行维护的成本主要包括：能源成本（使用水、电、燃料等能源的成本）、出租成本、维修成本、更换零部件的成本、清洁成本、服务成本、保安成本、保险以及税金等[24]。

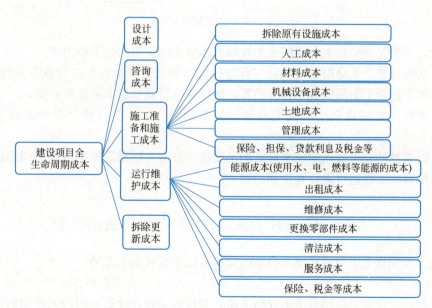

图 3-4 建设项目全生命周期成本的具体组成

3.4.3 建设工程项目全生命周期成本管理的范围

在制造业中，产品生命周期内发生的成本依次可划分为四个梯次，即制造成本、企业成本、用户成本和社会成本，对应着四个角度的生命周期，即产品制造周期、产品企业周期、产品顾客周期和产品社会周期。这四个层次的划分是由内及外，逐渐扩大，将产品的生命和成本的内涵及外延逐步扩大起来[25]。相应的，建设项目全生命周期成本管理模式赋予了成本新的内涵和外延。在全生命周期成本管理视角下，工程项目成本的范围不仅是施工建设阶段所耗费的人机料，而是进一步进行前后纵深梯次的扩展。具体来讲，成本的范围已从传统全过程造价管理所聚焦的施工阶段的建设费用向前延伸到设计阶段产生的市场调研与开发设计费用，并将这两个阶段的成本费用统一划归到"企业成本"中；向后扩展到运营维护和报废弃置阶段所产生的运营成本、维修费用和回收报废费用，也一并划入"用户成本"。另外，进行多维一体化的成本集成，将施工阶段、运营维护阶段和报废弃置阶段产生的建筑垃圾污染、健康损害等费用进行统一规划考虑，将这些隐形的成本集成为社会成本来统一管理[26]。如图 3-5 所示。

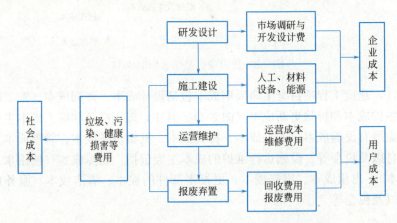

图 3-5　建设项目全生命周期成本管理的"范围"

由此，一个完善的全生命周期成本管理实际包含以下三部分工作内容：

（1）从项目整个生命周期角度对工程建设成本和运营维护成本进行成本分析和计算，对各种方案下的全生命周期成本进行测算，选择全生命周期成本最低的方案；

（2）根据工程项目全生命周期各阶段的职能区分，对项目整个生命周期进行阶段划分；

（3）以选择的全生命周期成本最低的工程造价方案为标准，根据全生命周期的阶段划分，对各阶段的工程造价进行管理和控制。

3.5　建设工程项目全生命周期成本控制的分析方法

建设工程项目全生命周期成本控制的分析方法主要有如下几种：

1. 技术经济[27]

技术经济评价就是采用科学的分析方法，对拟建项目在计算期内投入产出的诸多技术经济因素进行调查、预测、研究、分析、计算和论证，推荐最佳方案。这不仅为项目提供科学可靠的决策依据，而且也是建设项目全生命周期成本控制的主要依据。同样，在项目建设和运行阶段也有大量的技术经济问题需要进行评价和分析。

技术经济学的经济评价技术、不确定分析技术、风险分析技术是建设项目全生命周期成本控制中对方案进行技术经济评价的重要方法。其中，成本效益分析法和成本效用分析法在建设项目全生命周期成本分析中具有现实意义。

（1）成本效益分析法。成本效益分析法就是以建设项目全生命周期内所有的成本和效益为研究对象，通过计算其净现值、内部收益率、投资回收期等指标判定建设项目的可行性。

（2）成本效用分析法。成本效用分析法主要是分析为获得一定的效用而必须消耗的成本以及节约的成本，即分析净效益。通常采用利用率、保养率和可靠程度等相对值来表示。对于功能或效益相同的多项方案，单位生命周期成本最低者应作为首选。成本效用分析法应用到生命周期成本分析中有三种情况：

1) 当生命周期成本相同时，应选择效用高的方案；
2) 当效用相同时，应选择生命周期成本低的方案；
3) 当效用提高而生命周期成本也加大时，应选择增效的单位追加成本低的方案。

2. 系统工程

系统工程是组织管理"系统"的规划、设计、制造、试验和使用的科学方法。系统工程的基本思想就是以系统为对象，经过分析、推理、判断、综合，建成某种系统模型，进而以最优化的办法，求得系统最优化的结果，即通过工程优化的过程，使系统达到技术上先进、经济上合算、时间上最省、能协调运转的最优效果。系统工程理论认为，处理真实世界中复杂问题的最佳方式就是用整体的观点观察周围的事物，用系统的观点、全面的观点、全过程的观点看待事物和问题。建设项目全生命周期成本系统包括目标系统、主体系统、要素系统和寿命系统。对建设项目的全生命周期成本进行控制要结合系统工程的思想和方法，才能从根本上实现建设项目全生命周期成本控制的目标。

3. 价值工程[28]

价值工程（Value Engineering，VE）是一门降低成本提高经济效益的管理技术，由美国通用电气的一个工程师最先提出。所谓价值工程就是通过集体智慧和有组织的活动对产品或服务进行功能分析，使目标以最低的总成本（生命周期成本）可靠地实现产品或服务的必要功能，从而提高产品或服务的价值。价值工程主要思想是通过对选定研究对象的功能及费用分析，提高对象的价值。这里的价值指的是反映费用支出与获得之间的比例。提高价值的基本途径有五种（$V=F/C$）：

（1）功能提高，降低成本，大幅度提高价值；
（2）功能不变，降低成本，提高价值；
（3）功能有所提高，成本不变，提高价值；
（4）功能略有下降，成本大幅度降低，提高价值；
（5）功能大幅度提高，成本适当提高，提高价值。

价值工程原理与方法可运用于建设项目全生命周期，即决策、设计、施工、运营、维修及拆除阶段。价值管理作为价值工程的新进展，运用管理学理论与方法，通过以价值为导向的有组织的创造性活动，提高建设项目的价值，满足建设项目利益相关者的利益需求。

4. 循环经济[29-32]

循环经济，就是指在可持续发展战略思想的指导下，将绿色生产、清洁环保和废弃物的综合利用一体化。其要求运用生态学规律来指导人类有效地利用自然资源和环境空间，按照自然生态系统的物质循环和能量流动规律构建经济系统，使经济和谐地纳入自然生态系统的物质循环过程，形成一种新型的经济，最终实现经济活动的生态化转化。循环经济不仅能够节约能源，减轻污染，增加社会和经济效益，而且还能从根本上协调人类、社会和自然的和谐发展，促进人类的可持续发展。

5. 财务管理

财务管理是对货币运行的直接管理模式，具体表现在货币的取得、运用、分配和规划等投资活动中，其主要包括：投资决策、筹资决策和利润分配。建设项目是企业、政府的重要投资活动之一，而财务管理则是建设项目管理的基础。应用较为系统的财务管理知识建立现金流量制度，对建设项目投资方案进行比选、合理规划项目投资的各项资金，为整个项目投资决策提供财务依据，再依据整个项目的财务杠杆平衡，帮助企业、政府进行筹资决策和资金筹措，最终实现企业、政府的收入和利润合理分配[23]。

3.6 案例分析

3.6.1 案例一：绵遂高速公路

1. 项目背景

绵遂高速公路（下述绵遂项目）是四川省内第二条以 BOT 方式运作，也是第一条以市级人民政府为主体实施 BOT 模式建设的高速公路建设项目。该项目由中铁二局集团公司中标，项目建成后由四川遂宁绵遂高速公路有限公司（即项目公司）负责运营，特许经营期为 20 年。绵遂项目独特的 BOT 运作模式，要求其成本管理理念和相关问题解决思路要有全局意识，因此全生命周期成本管理显得尤为重要。而且绵遂高速公路作为成渝环线绵阳至重庆的重要组成部分，是贯穿四川盆地西北至东南走向的重要交通干线，加快绵遂项目建设不但必要，而且非常迫切。根据工程可行性分析和评审，结合当地经济发展需求，本项目的主要技术指标和主要工程数量分别见表 3-2 和表 3-3。

主要技术指标表　　　　　　　　　　　　　　　　　　　表 3-2

项目名称	单位	主要技术指标
公路等级		高速公路
设计速度	km/h	80
圆曲线最小半径极限值	m	250
圆曲线最小半径一般值	m	400
最大纵坡	‰	5
路基宽度	m	24.5
车道宽度	m	2×7.5
汽车荷载等级		公路 I 级
路面类型		沥青混凝土
桥梁宽度	m	与路基同宽
特大桥设计洪水频率		1/300
大、中、小桥、涵洞及路基设计洪水频率		1/100

主要工程数量表　　　　　表 3-3

项目名称		单位	数量
线路长度		km	95.998
路基土方		km³	4872
路基石方		km³	12263.5
软基处理	排水板	km	40.6
	砂砾垫层	km³	7.61
	块碎石	km³	456.41
高边坡防护	锚索	km/根	40.29/2686
	钢筋	t	609.9
	混凝土	km³	8.46
特大桥		m/座	1228/1
大桥		m/座	11594/39
中桥		m/座	1650/21
小桥		m/座	64/2
涵洞		m/道	14059/365
隧道		m/座	4075/13
征用土地		亩	9708

2. 绵遂项目全生命周期成本管理适用性分析

全生命周期成本管理模式在绵遂项目中的适用性主要表现在以下几个方面：

(1) 工程项目全生命周期成本管理的一个显著特点就是参与者众多，呈现多主体性，其主要包括设计、建设、运营单位及材料设备供应商甚至还涉及消费者和地方政府。所有这些主体在项目的承建运营中，从其自身利益出发进行成本和利益的博弈，主张利益最大化、成本最小化。

(2) 大型项目，尤其是基础设施建设项目，大都呈现出生命周期长的特点。绵遂项目的建设工期是 3 年，其特许经营期是 20 年，还有几十年的政府运营期，像这种百年工程对社会发展和人民生活产生的巨大影响是可想而知的。因此，更需要在项目初期研发设计中考虑如何控制项目中后期的施工建设和运营维护的成本等诸多问题。

(3) 绵遂项目作为国家重点基础设施建设项目，在工程质量方面提出了很高的要求。传统全过程造价管理模式无法摆脱其严重的制度欠缺，难以胜任提高项目质量的要求。而工程项目全生命周期成本管理以其独特的全生命质量管理理念，积极寻求开发设计环节各项目主体的共同参与，前馈控制工程质量；施工建设阶段"人—料—机"三要素协同运作，事中控制施工质量；运营维护阶段从运作理念着手，力求及时反馈质量信息，发现前两阶段的不足，积累经验和教训，对提高工程质量有着传统模式无法匹敌的优势[26]。

(4) 绵遂项目遂宁段概算投资总额达到 43 亿元，如何合理使用如此巨大的一笔投资，这就要求精细化的成本管理。采用全生命周期成本管理模式可以打破传统模式下因开发设计、施工建设、运营维护三阶段的条块分割而产生全局成本难以控制的情况，全生命周期成本管理以其高度的全局成本观，消除阶段分割的障碍，在精细化分工的同时，建立项目参与者之间的长期战略合作伙伴关系，共同控制成本，实现投资的价值最大化[26]。

3. 绵遂项目全生命周期成本管理过程分析

根据该项目特点及全生命周期成本的构成，将项目的成本管理过程划分为三个阶段。

(1) 开发设计阶段

该阶段产生费用一般只相当于建设工程全生命期费用的1%以下，但是这不足1%的费用却影响着75%以上的工程项目全生命周期成本。在该阶段，绵遂项目对工程质量、工期和成本进行了"总—分—综"式开发设计，分层次循环控制全生命周期成本[26]。在"总"层次上，绵遂项目设计了三大总目标：①设计质量。项目开发设计阶段按照现行的设计、施工、验收等规范标准进行设计，力求实现单位工程一次验收合格率100%、一次开通速度达到设计速度目标值、主体工程质量零缺陷的目标。②设计工期。根据要求，项目设计施工总工期为18个月，从2008年10月到2010年6月。③设计成本。项目设计平均每千米成本为3893万元。

在"分"层次上，设计各项分目标：①设计人工费用。项目在开发设计阶段中，充分考虑施工阶段人工因素巨大的能动性、可变性和组合性，采用基于"三阶段循环"的人工成本管理。②设计材料费用。通过采取一系列措施，对材料费用进行前馈开源控制，确保建材及时到位。③设计机械费用。项目根据设计工期做好设备需求计划，考虑确定设备来源。

在"综"层次上，统筹兼顾，设计全局。将"总"和"分"层次的数据汇总，综合考虑建设成本、使用维护成本和全生命周期成本三者之间的权衡关系。绵遂项目在开发设计阶段着重考虑了以下两点：①配置更多的开发设计资源以提高可靠性、可建设性、可维护性，并最终大幅降低运营维护成本。②降低预算成本刚性约束，适当提高建设成本以便大幅降低运营维护成本，实现最低的全生命周期成本。

(2) 施工建设阶段

虽然该阶段对全生命周期成本的影响和约束力下降到20%，成本降低的潜力也逐渐减弱，但该阶段是工程项目主体形成的关键环节，也是人工材料设备费用激增的阶段，因此做好该阶段的成本管理非常重要。绵遂项目针对"人—材—机"三要素分别采取了不同方法进行成本控制。

在项目施工建设中进行人工成本管理不是一朝一夕的事情，需要循序渐进。在全生命周期成本管理的模式下，可以导入持续改进的循环控制模式，按照"事前—事中—事后"三阶段进行周而复始的循环控制。在计划环节，绵遂项目进行了人工成本的预算和规划决策，从潜在的源头控制人力资源成本，即事前控制。在施工阶段人工核算的执行环节，项目成立了人工成本管控组织，记录并核算相关人工成本，即事中控制。到了结算审查的反馈环节，项目对人工成本进行阶段性检查，将实际产生的人工费与计划人工费对比，发现问题，为下一周期作针对性调整，即事后控制[26]。

在该阶段，绵遂项目通过采用"二分法"[26]及时采购"通用材料"和"特殊材料"，实现建筑材料的适时进场；通过"二分法"区别"量差"和"价差"核算材料费用，优化控制材料成本；应用"二分法"分别管理"主材"和"辅材"，关注现场材料控制，加强清存核查。绵遂项目在配置有关设备时，采用基于购买或租赁的"双选法"[26]进行择优选择，以便管理和控制机械费用。项目根据工程工期进度计划，构建了"购买 VS 租赁"双选法设备协同计划体系，主要包括设备采购计划、设备租赁计划、设备月度使用计划、设备月度维修改造计划等。在选择配置方案之后，项目建立了机械费用的定期核算与报告制度。

（3）运营维护阶段

该阶段时间最长，受很多不确定因素影响，对全生命周期成本的影响力和约束力较弱，但却是整个建设项目全生命周期成本急剧增加和积累的过程，占了全生命周期成本的绝大部分。因此，针对该阶段对工程项目全生命周期成本的巨大影响，绵遂项目的业主（运营方）在前期介入并积极参与项目开发设计和施工建设，寻求在开发设计和施工建设中解决运营维护中存在的潜在问题。

运营公司通过和设计单位交流，再造流程并采用维修性设计理念，在工程细部设计、配套设施的完善、水电气暖等设计方面注重节能、节水方案的合理选择，以方便未来运营和维护工作。运营公司积极参与施工建设，从运营维护角度对建筑材料的选用、施工人员的配备以及项目设备的选用安装等方面进行全面监控，避免项目建成后给运营和维护造成缺陷和麻烦。

另外，在施工建设阶段后期，运营公司成立运营筹划部门，开展正式运营前的各项准备工作。2010年初，成立调研小组奔赴"重庆垫忠高速公路有限公司"进行学习考察，汲取先进经验和优秀的管理理念[26]。分析比较各个养护方案，进行择优选用。关注养护中心，在下面成立"四部一室"，以便优化日常运营维护管理工作。

3.6.2 案例二：天津滨海国际会展中心

1. 工程概况

天津滨海国际会展中心工程位于天津市，单层建筑，局部二层。总用地面积35.62万m^2，总建筑面积10万m^2，3.3万m^2室外展览区域，5.4万m^2室内展览面积，8000m^2会议面积，宽敞的登陆大厅贯穿全馆。该项目的幕墙、屋面、土建、装饰、水电、通风、强弱电等工程质量合格，顺利通过竣工验收。幕墙有石材、复合铝板、玻璃幕墙。4.8m以下为大理石，4.8m以上为复合铝板和玻璃幕墙。幕墙阴阳角顺直、拼缝严密、无划痕、无缺棱掉角、外观宏伟壮观。屋面有现浇钢筋混凝土屋面，分为M、N厅；GRC屋面，E、F厅及西门头；铝镁锰金属屋面，A、B、C、D四个大展厅及东、中、西厅。屋面排水系统采用虹吸排水，屋面采光采用电动阳光板和电动遮阳帘，屋面细部处理到位，质量符合规范要求，整个屋面层次错落有序、线条美观。土建及装饰部分通过验收。

2. 项目决策阶段的成本控制

天津滨海国际会展中心项目建设的目标明确。效益目标是以社会效益目标为主，经济效益为辅，兼顾环境效益；功能目标定位是满足"达沃斯论坛"及大型国际性会议举办，兼顾市场目标定位，同时应满足举办国内大型商业性展销会，通过对北京、上海、广州等地的调研和比较，确定为占地35万m^2，建筑面积10万m^2的建设规模。项目决策目标确定后，进入项目建议、可行性研究及建设方案研究阶段。由于政府财政不足，建议政府财政投资2亿元，成立天津滨海建设开发管理公司，负责本项目的全生命周期的建设管理和运营管理工作，该地区预留区域超过100万m^2，将项目建设剩余土地进行商业住宅开发，市场运作的土地资金用于本项目建设。项目在可行性研究初期，对剩余土地进行评估为

16.25亿元,共计18.25亿元,按20亿元建设资金进行项目立项。在此基础上,根据该项目的效益、规模、功能、市场的决策目标,从技术、经济、社会、环境等方面进行分析。考虑建筑主体体量大、功能全、工期紧等因素,参考国内外同类建筑结构,采用钢结构主体,从环境方面,采用节能绿色环保技术和材料,例如:节水器、节水阀、自然采光、雨水收集再利用等。

对工程实体重点项目造价进行了分类估算。

(1) 一类费用

土建工程分为以下,

1) 桩基工程:预制管桩$\phi 500 \sim \phi 600$,按250元/m×4000根×24m=2400万元。

2) 钢结构工程:按建筑面积91530m^2计算,含量为100kg/m^2,9153t×1.45万元=13272万元。

3) 土建工程:参会展一期土建主体建造成本1200元/m^2,考虑时间涨价因素,本项目按1400元/m^2估算,则费用为1400元/m^2×91530=12814万元;

合计土建工程:2400+13272+12814=28486万元。

4) 屋面工程:考虑氟碳涂层铝镁锰合金板,具体构成见表3-4。

合计屋面工程造价11552.5万元。

考虑氟碳涂层铝镁锰合金屋面工程主要构成及价格[10]　　　　表3-4

序号	项目	单位	暂估工程量	单价(元)	合价(万元)
1	钢拉索	根	36	350000	1260
2	屋面系统	m^3	80000	1200	9600
3	防火涂料	m^3	80000	75	600
4	压型钢板	m^3	5000	185	92.5
		合计			11552.5

5) 内装修工程:参考会展二期标准1600元/m^2。

6) 外檐装修工程:按外檐展开面积43200m^2计算,石材面积按10000m^2计算,900元/m^2;铝板及幕墙面积按33200m^2计算,2000元/m^2,1×900+3.32×2000=7540万元。

7) 专业工程:包括给水排水、消防、暖通、电气、弱电、变电均参照会展二期标准计算,合计20137万元。其中,弱电工程中包括会议系统。

8) 电梯系统:按设计院提供标准计算。

9) 室外工程费:按500元/m^2标准计算,室外面积为82619m^2,则室外工程费合计为4130.95万元。

(2) 二类费用

二类费用参照国家及地方相关取费标准,并结合会展二期相关资料综合考虑确定,合计11612万元。

1) 不可预见费:

按一类费用与二类费用合计5%计算。

2) 开办费:

考虑后期标识、家具及物业接管等费用,合计考虑费用为1000万元。

本项目通过可行性研究报告中的项目估算造价，确定项目进行限额设计。在设计概算阶段，对工程实体重点项目造价进行了分类对比：

可行性研究报告建筑面积 98000m²，工程造价 120000 万元；设计院概算建筑面积 100417m²，工程造价 149043.57 万元；设计院概算造价高于可行性研究报告 29043.57 万元。

两者工程造价主要差异如下：

(1) 建筑面积：由于达沃斯会议要求，概算建筑面积增加 2417m²，造价相应增加 2959.59 万元。

(2) 土建工程：可研报告单价为 2320 元/m²，设计院为 5271.67 元/m²（包括打桩 486.09 元/m²，建筑 2225.88 元/m²，钢结构 2334.83 元/m²，粗装修 224.87 元/m²）。工程桩：可研阶段考虑采用 $d=500\sim600mm$ 的预制管桩；根据地质情况，概算中考虑需要采用一部分钢筋混凝土钻孔灌注桩，一部分为 $d=500mm$ 的预制管桩，造价增加 2421.98 万元；钢结构工程：可研阶段按 100kg/m² 考虑；概算中按 177.37kg/m² 考虑，此部分差异增加造价 10227.2 万元。建筑工程：可研阶段土建工程共 2320 元/m²，除工程桩及钢结构工程外建筑及粗装修工程为 758.74 元/m²；概算中建筑工程及粗装修工程为 2450.75 元/m²（由于本工程结构形式的特点、建筑物的层高及地下大面积管沟不得计算建筑面积，使得本工程钢结构并未节约钢筋及混凝土，钢筋含量为 123.1kg/m²，混凝土 0.808m³/m²），此部分差异增加造价 16990.66 万元。土建工程概算共计增加造价为 29639.84 万元。

(3) 金属屋面工程：可研报告单价为 1650 元/m²，设计院单价为 1122.18 元/m²，设计院概算低于可研 527.82 元/m²，即 5300 万元。

(4) 外檐精装修工程：可研报告单价为 900 元/m²，设计院单价为 807.18 元/m²，设计院概算低于可研 92.82 元/m²，即 932.07 万元。设计院概算中比可研多考虑了贷款利息 4600 万元。

综上所述，可研报告单价为 12244.9 元/m²，设计院概算单价为 14842.46 元/m²，设计院概算高于可研报告 2597.56 元/m²，即 29043.57 万元。

经可研阶段成本造价分析，可获得如下几方面的控制措施：

(1) 成立项目管理公司，建立社会融资平台，项目进行市场运行，降低投资风险，提高资金的时间价值。

(2) 项目建设总投资控制在 20 亿元人民币（不含土地费用），其中，建筑及设备工程 15 亿元，环境道路绿化配套工程 4 亿元，不可预见及其他费用 1 亿元。资金来源：政府财政 2 亿元，土地置换 17 亿元，管理公司自筹 1 亿元。

(3) 项目设计从技术方面考虑节能、绿色、环保并限额设计，满足会议功能要求，考虑多功能多用途，未来提高场馆利用率，从而取得最大收益。

(4) 项目发挥管理公司的职责，参建单位进行市场公开招标，成本控制实施项目全过程监督、跟踪、管理，发挥专业公司的作用，保质、保量、按期搞好项目建设。

3. 项目设计阶段的成本控制

由于本工程造价较高，影响较大，且对设计方案的要求较高，对设计方案的优化采用价值工程方法是非常有效的，其主要特点是：以使用者的功能需求为出发点，对所研究对象进行功能分析，使设计工作做到功能与造价统一，在满足功能要求的前提下，降低成本。利用价值工程原理，对功能不尽相同的设计方案进行优选，建立如下模型：

$$\max \frac{\sum_{j=1}^{s}(\sum_{i=1}^{m}A_i f_2)f_1}{c(x_1,x_2,\cdots,x_n)}$$

式中　　　　　　s——一级指标；

　　　　　　　　m——二级指标；

　　　　　　　　A_i——设计方案的评价得分，采用打分法打分；

　　　　　　　　f_1——一级指标权数；

　　　　　　　　f_2——二级指标权数，可采用评分法求得；

$c(x_1,x_2,x_3,\cdots,x_n)$——各设计方案所需要的费用。

下面以设计方案优选来说明本方法，设计方案中采用权重指标。

一级权重指标主要包括：功能指标、经济指标、社会效益指标。

二级权重指标主要包括：采光、通风、平面布置合理性、造价、工期、满意度、舒适性、节约资源等17个指标。首先通过头脑风暴法和访谈法，对给出的指标进行权重评估，以确定各个指标在总指标情况下的权重。通过邀请的15位专家，采用五级评分方法，对各个参选方案的功能满意程度进行打分。见表3-5。

某一方案二级指标评分表[10]　　　　　　表3-5

一级指标	功能指标									经济指标					社会效益指标		
二级指标	1	2	3	4	5	6	7	8	9	10	11	12	13	14	15	16	17
二级指标权重数(f_2)	15	13	10	10	10	8	14	14	6	40	20	10	20	10	60	20	20
评价得分	46	44	44	48	45	36	38	39	41	45	30	42	38	42	40	44	43
二级指标评价得分($A_1 f_2$)	424									400					414		

根据权重和得分综合计算以及对各专家最终得分综合计算，就可以得出最终得分，价值工程以得分的高低选择最优方案。各方案的最终评价得分和方案优先次序见表3-6。

方案评价总得分情况表[10]　　　　　　表3-6

一级指标	功能指标	经济指标	社会效益指标	方案评价总分	方案优选次序
一级指标权重数(f_1)	0.75	0.2	0.05		
方案	二级指标评价得分				
一	424	400	414	419	1
二	404	387	384	400	2
三	377	360	318	371	3
四	364	360	318	361	4
五	339	361	260	339	5

方案一的评价总得分＝424×0.75＋400×0.2＋414×0.05＝419（其他方案依此类推）

通过方案的比选，确定方案一为最合理的方案。同时，以上的案例分析表明，带有定量分析性质的价值工程分析方法，对设计阶段进行全过程的造价控制具有重要的意义，尤其是在设计方案优选中更显得至关重要。

4. 项目建设实施阶段成本控制

严格按照招标程序进行施工、监理的招标，以保证选择最优的施工单位进行工程建设。同时，在本阶段通过考察施工现场情况、咨询市场价格等确定了合理的招标控制价，以保证造价的合理性。在设计施工图完成后对会展中心设计概算与施工图纸预算进行比较，两者主要差异如下：

（1）建筑面积：设计概算建筑面积为 100417m^2，依据施工图纸计算，建筑面积为 101940m^2，两者相差 1523m^2。

（2）钢结构工程：设计概算中考虑钢结构 17811t（177.37kg/m^2），依据深化施工图纸计算，钢结构为 29506t（289.44kg/m^2），增加钢结构 11424.42t（112.07kg/m^2）。

（3）金属屋面工程：依据施工图纸计算结果，取消屋面蜂窝铝板。室外管网、道路、绿化景观工程：设计概算中 144960m^2，依据施工图纸计算室外面积为 197488m^2，增加 52528m^2。

在工程施工过程中，派驻现场代表，对工程造价工作进行了全程跟踪服务，对变更、签证部分进行了重点审查，主要包括以下几个重点部位：

（1）工程桩：可研阶段考虑采用直径为 500~600mm 的预制管桩，造价约 2000 万元，概算灌注桩的工程量为 32047m^3，管桩为 96144m；而根据现场的地质情况，实际施工为直径 700mm 混凝土钻孔灌注桩和部分预制管桩，工程量为 32720m^3，管桩为 97381m。打桩工程报送造价 6242.9 万元，审后造价 6132.7 万元。

（2）混凝土：混凝土总用量 100000m^3，单方含量为 0.77m^3/m^2，钢筋总用量 9000t，单方含量为 70kg/m^2，部分屋面采用 GRC 网架，地上部分钢柱内浇 C40 自密实混凝土，地下采用管沟形式，小管沟深度为 2.2m，大管沟深度为 2.8m，管沟宽度最大达到 4.3m。该项合同造价为 19425.12 万元，单方造价 1503.43 元/m^2。

（3）钢结构工程：该工程钢结构总用量为 28783.09t，每平方米含量为 222.77kg。该工程采用张弦桁架技术，其最大跨度为 90m，该技术最大的优点即为在满足设计要求的情况下，有效节约造价近 30%。该工程合同造价 29175.01 万元，单方造价 2258 元/m^2。

（4）外檐装饰装修工程：实际工程中经过图纸深化，外檐幕墙材料的标准提高，高级装修材料面积加大。外檐装饰装修工程报送造价 15115.6 万元，审后造价 12073.5 万元，核减造价 3042 万元，核减率为 20.1%。

（5）内檐精装修工程：实际内檐精装修面积达到了 40000m^2，装修标准是按照达沃斯会议标准以及国宴会议标准施工建设，所用石材、羊毛地毯均为进口材料，精装修部分均采用水晶灯照明，顶棚吊顶采用铝板、埃特板吊顶。其中，大型手工纯羊毛胶背地毯：460 元/m^2；大型 90 道手工栽绒地毯：1250 元/m^2。墙面干挂石材，其中木纹石主材（25mm）：800 元/m^2；新西兰米黄石材主材（20mm）：600 元/m^2；柏斯米黄石材主材（20mm）：740 元/m^2；复合莎安娜石材主材（20mm）：1000 元/m^2；金线米黄石材主材（20mm）：280 元/m^2；另有部分墙面采用木挂板墙面、穿孔铝板墙面等，其中木挂板主材：500 元/m^2；穿孔铝板主材：275 元/m^2；蜂窝铝板主材：690 元/m^2；普通铝单板：245 元/m^2。顶棚采用石膏板吊顶、埃特板吊顶，其中石膏板主材：10 元/m^2；埃特板主材：60 元/m^2。墙面超高（高级贵宾厅：10.55m，宴会厅：11m，报告厅：16.5m，登陆大厅：30m）也使得内檐精装修材料用量加大，而建筑面积却没有增加，故造成了在材料价格均为市场价格的同时，建筑物单方造价高于其他展馆单方造价。除此以外，高规格的设计标准及使用标准也使得建筑单方造价较高，该项合同金额为 18146.36 万元，单方造价为 1404 元/m^2（按精装修面积计算 4500 元/m^2）。精装修共分为 6 个标段，总报送造价为 25293.8 万元，审后造价为 20512.9 万元，核减造价 4780.9 万元，核减率为 18.9% 左右。

（6）消防系统：由于本工程对消防要求较高，为保证消防安全，最大限度地发挥消防系统的作用，本系统涉及的感烟、消防喷头、报警系统等消防器具均采用了国内最为先进的技术，同时应建设单位的要求，为提高消防能力，对消火栓系统的设计水压等进行了设计变更，调高了水系统的能力，这使得本阶段的造价超出了招标阶段的控制价，差幅不大，约为 3%，实为在可控范围内。但消防安全得到了大幅度的提高，获得了消防部门的好评，并以较高的安全系数通过消防验收。总体而言，造价的小幅度增加，带来功能的大幅度提升，实现了价值系数的提高，对整个工程功能的实现是大有益处的，因此值得推介。

（7）弱电系统：弱电系统作为本工程的核心软件，对本工程功能的实现具有重要的意义。本项目的弱电系统主要包括：视频系统、语音系统、国际信号传输系统等，这一系统直接关系天津夏季达沃斯论坛的实现，以及以后会议功能的实现，因此建设单位对本系统提出了较高的要求。为实现建设单位的要求，本系统需要较多的先进设备，而这些先进设备的造价较高，并且价格差距较大，因此为更加准确地把握这些设备的价格，进行了广泛而深入的市场询价，为建设单位提供了最为准确、合理的价格信息，节约了成本。

（8）红线内室外工程：19.7 万 m^2，包含红线内室外绿化景观铺装工程（石材铺装、沥青路面）、室外管网、夜景灯光照明、标识系统。而该标准均远高于其他展馆的设计使用标准，该项合同金额为 13129.74 万元，单方造价 1016 元/m^2。

（9）高低压变电工艺：新建 35kV 开闭站，实测造价为 6484 万元。

（10）室外工程：实际室外工程广场地面为石材铺装，道路为沥青路面，并增加室外夜景灯光照明。室外工程报送造价为 11886.4 万元，审后造价为 7127.1 万元，核减造价 4739.3 万元，核减率达 40%。

（11）舞台、厨房系统：实际施工中因要满足达沃斯会议要求，更好地服务于来宾，增加舞台、厨房系统造价 1820.9 万元。值得注意的是，为满足达沃斯会议的要求，工程装修有所提高，工程规模也由 98000m^2 提高到 10190m^2，内檐精装修面积占建筑物使用面积的比例达到 40%，地面采用进口石材铺装、手工进口羊毛地毯铺装，墙面采用干挂进口石材、软包木作、铝板墙面，且墙面超高（高级贵宾厅：10.55m，宴会厅：11m，报告厅：16.5m，登陆大厅：30m），厨房系统已达到国宴标准，造价仍然控制在合理的范围内，这表明造价管理的成效显著。

5. 项目竣工结算阶段成本控制

本项目在建设过程中采用了新材料、新工艺和新技术，发生设计变更和现场监理工程师签证，对工程招标之外的项目采用类似工程法控制工程成本，聘请造价咨询中介机构进行审核。选择北京新国展项目与会展中心项目进行比较，事先确定工程竣工结算标准，达到控制工程总造价的目的。

北京新国展建筑面积 244690m^2，其中展馆面积 189253m^2。展馆部分地上 1 层，地下

1层，建筑高度17m，登陆大厅高度为26m，综合楼地上4层，地下2层，建筑高度21m，结构形式为钢筋混凝土及屋盖钢结构。实际施工工期20个月。项目概算总投资26.3亿元，即12259.28元/m^2。

与会展中心投资差异点：

地区地质情况不同，工程桩造成投资差异为505.23元/m^2。

结构形式不同，会展中心结构形式为钢结构（钢结构含量为246kg/m^2，混凝土含量0.91m^3/m^2），北京新国展结构形式为钢筋混凝土及屋盖钢结构（钢结构含量为46.9kg/m^2，混凝土含量1m^3/m^2），结构形式及建筑物高度（相差12m）造成投资差异1991元/m^2。

外檐装修标准不同，会展中心外檐为石材、铝板及玻璃幕墙，北京新国展外檐为劈裂砖、石材及玻璃幕墙，造成投资差异231.04元/m^2。

内檐装修标准不同，会展中心内檐精装比例为40%，并达到达沃斯会议标准；北京新国展内檐精装比例为15%，且为一般办公会议室装修标准。造成投资差异1212.15元/m^2。

二类费中设计费相差195.99元/m^2。

功能因素不同，会展中心因开达沃斯会议需舞台系统增加投资52元/m^2，而且厨房系统达到国宴标准，与北京新国展职工厨房标准造成差异94元/m^2。

节能因素，增加地源热泵室外埋管系统及机组，增加投资103.59元/m^2。

工程地点位置及地区政策不同，会展中心新建35kV开闭站，高低压变电工艺造成投资差异600.13元/m^2。

室外面积及室外装修标准不同，会展中心为室外石材铺装、沥青路面及夜景照明，北京新国展室外为广场砖、沥青路面及室外照明，造成投资差异150元/m^2。流动资金造成投资差异为132.49元/m^2。

综上所述：会展中心与北京新国展项目投资差异为3670.12元/m^2，每平方米造价降低23.03%，项目工程审核总结算造价129369.1万元，比控制标准造价156508万元降低17.34%，超出预算10099.3万元，实际即北京新国展项目投资如果按照会展中心的标准建设，其单方投资将达到15929.4元/m^2。这些投资既能达到节约建设投资又能达到提高功能、减少运营维护费用的目的，除了建设标准的不同以及外部环境等带来的客观差异之外，高效合理的造价控制方法起到了决定性的作用。

工程竣工结算阶段，对总承包及各分包的结算件进行了结算审查。工程结算总报送金额约20亿元，其中一类费报送17.5亿元，二类费报送2.5亿元。经审核后，工程竣工结算金额为17.2亿元，其中一类费约14.5亿元，二类费约2.2亿元，核减造价2.8亿，结算金额降低了16.3%。

本工程建设期各个阶段的造价控制情况如表3-7所示。

滨海国际会展中心造价管理情况表[10]　　　　表3-7

序号	工程阶段	工程规模	造价额	备注
1	可研	98000m^2	估算造价 115480万元	根据效果图估算
2	初步设计	101940m^2	设计概算 149043万元	经设计比选，工程概算造价147332.2万元（不含征地及拆迁费），其中一类工程费12428.11万元，二类工程费10239.22万元，预备费6725.87万元

续表

序号	工程阶段	工程规模	造价额	备注
3	施工前预算	101940m²	预算 119269.8万元	审查后图纸部分预算造价86305.2万元,暂估部分预算造价28364.5万元,合计每平方米造价11700.74元/m²
4	竣工结算	101940m²	结算总造价 129369.1万元	总承包部分审核造价104396.8万元,核减23934.6万元,降低率22.9%;精装修(六个标段)送审造价26036.8万元,审后造价20512.9万元,核减5523.9万元。室外工程部分送审造价5260.4万元,审核后造价4459.4万元,审减801万元

6. 项目运营和维护阶段的成本控制

项目运营和维护阶段的造价管理是建设工程项目全生命周期造价控制的关键阶段。项目在决策阶段对会展中心建成后的运营管理和维护进行了调查研究,从设计、管理、技术、建设等方面考虑了运营和维护成本的影响因素。在可行性研究阶段,参考类似项目估算了运营维护阶段的各项成本控制费用:管理成本2000万元(人工费、办公费等);能源成本1000万元(水、电、燃气等);维护成本1500万元,财务成本15000万元(其中折旧6500万元,贷款利息8500万元),共计19500万元。经营收入:场馆使用率达到30%,实现收入20000万元,项目管理公司自负盈亏,独立运营。

在项目运行过程中,利用节能绿色环保技术、提高会馆使用率、降低管理成本、增加收入、减少能源消耗、循环利用能源、降低能源成本等措施进行运营和维护成本的控制。例如:会展中心天面的面积约为6万m²,平均分布有86个虹吸排水口和119根重力排水管,每年雨季可回收1万~2万t的雨水,回收的雨水由重力排水管道引至雨水井后排入梅江景观湖以便循环利用,节约资金10万余元。会展中心周边绿化灌溉主要使用中水灌溉,每年节约自来水15万t,每个中水截门处设置截止阀门,在不使用的时候自主关闭,杜绝跑、冒、滴、漏等浪费水资源的现象,节约资金35万元。场馆内部公共卫生间全部使用4L小容量虹吸式洁具,比一般家用6L洁具还要节水,既减少了用水量,又能冲刷彻底,据统计,会展中心年节水量达10万t,节约资金7万余元。

科学的决策,绿色节能环保、功能优化的设计。会展中心采用溴化锂直燃机组进行室内温度调节,溴化锂直燃机具有以下优点:整个机组除了功率较小的屏蔽泵之外,无其他运动部件,运转相对安静。以溴化锂水溶液为工作介质,无臭、无毒、无害,有利于满足环保的要求。制冷机在真空状态下运行,无高压爆炸的危险,安全可靠。制冷量调节范围广,可在较宽的负荷内进行制冷量调节。对外界条件变化的适应性强,可在一定的热媒水进口温度、冷媒水出口温度和冷却水温度范围内稳定运转。会展中心全会厅配有先进的音响、舞台灯光、同声传译、投影等系统装备,同时配有400余平方米的专业舞台,提高场馆的功能,为举办各种活动提供了有利条件。会展中心二层的会议区共有20间会议室,面积从90m²至1000m²不等,会议室内部通过可移动的隔板门进行拆分组合,改变面积的大小,满足不同会议、商务谈判的需求。会展中心四个大展厅的屋顶上设带有自动遮阳帘的可开启式天窗,采用自然照明的方式为会展中心节约电能。

会展中心每年使用率突破30%,其中:会议15.3%,展览41.1%,比预计增加收入1.08亿元。第一年会馆运行阶段实际成本费用:管理成本2110万元,物业管理费1220万元，能源费950万元；财务成本：场馆折旧6960万元，贷款利息8616万元；共计成本19856万元。

项目经营收入23056万元，比估计收入高出10793万元，因土地受地产市场影响，置换资金未到位，项目建设资金使用银行贷款，产生利息8616万元，盈余收入3200万元。

通过对项目运营和管理阶段实施预测费用管理方法，使其成本得以有效控制，体现了利用科学方法和措施有效控制各阶段造价，科学使用资金优化设计，采用新工艺、新材料和新技术，提高使用功能和标准，对后期运营管理效果起着关键性作用。

7. 项目全生命周期成本控制的评价

项目全生命周期成本不仅是工程设计、建造、使用、维修和报废的成本费用，还包括环境成本和社会成本。滨海国际会展中心是天津市委市政府确立的市重点建设项目，是从功能定位、政治影响、社会效益、环境效益等方面综合考量下确定的，承揽国际性大型展会，对完善和提升天津的城市功能、推动天津经济发展具有重要作用。项目建设20万m^2绿地和10万m^2景观湖，完善周边道路市政排水设施功能，使周边土地增值2倍，商品房升值50%，极大地改善了环境，推动本地区的经济发展，就社会和环境方面考量效益是显著的，环境和社会成本不再予以评价。

本次主要以项目全生命周期资金成本为重点进行分析：考虑项目为政府项目，由于政治、社会、环境因素，资金量化不考虑时间价值和市场因素，采用费用效率法进行评价分析，评价项目全生命周期工程造价管理控制是否有效。工程项目设计寿命年限50年，使用生命周期确定为30年。

费用效率（CE）＝系统效率（SE）/生命周期费用（LCC）
　　　　　　　　＝系统效率/（建设成本＋运营维护成本）

计划方案CE_1＝计划运营收入/（计划建设成本＋计划运营维护成本）
　　　　　　＝（20000×30）/（200000＋11500×30）＝1.10

实际方案CE_2＝（实际运营收入＋实际运营节约费用）/（实际建设成本＋实际运营维护成本）
　　　　　　＝（23156＋10＋7＋35）×30/（172000＋11240×30）＝1.37

$CE_2 > CE_1$，项目成本控制有效。

3.7 本章小结

全生命周期工程造价管理（LCCM）是从建设项目全生命周期的各个阶段出发来考虑工程造价和成本问题，并运用多个领域（建筑、经济、管理等）的分析方法，最终实现工程项目全生命周期总造价的最小化。本章主要介绍了全生命周期工程造价管理的定义和特点，全生命周期各阶段工程造价管理的内容，以及成本控制的分析方法。本章引入了全生命周期工程造价管理的两个案例，帮助读者加深对建设工程项目全生命周期工程造价管理的理解，以及掌握成本控制分析方法的应用。

思考与练习题

1. 简述什么是全生命周期工程造价管理。

2. 简述全生命周期工程造价管理的特点。
3. 简述全生命周期工程造价管理相比较全过程造价管理的优势有哪些？
4. 简述全生命周期各阶段工程造价管理的内容。
5. 简述全生命周期成本控制的分析方法主要有哪些？

本章参考文献

[1] 田中旗. 工程全寿命造价管理 [D]. 天津：天津大学，2005.
[2] Flanagan R. Life cycle costing for constructing [M]. London：Surveyors Publication，1983.
[3] 张承鑫. 建筑工程项目全寿命周期工程造价的分析与研究 [D]. 武汉：湖北工业大学，2017.
[4] 戚安邦. 工程项目全面造价管理 [M]. 天津：南开大学出版社，2000.
[5] 张超. 基于全生命周期的建筑工程造价风险管理研究 [D]. 合肥：安徽建筑大学，2018.
[6] 董士波. 全生命周期工程造价管理研究 [D]. 哈尔滨：哈尔滨工程大学，2003.
[7] 张谨帆. 公路工程全生命周期造价管理研究 [D]. 长沙：长沙理工大学，2008.
[8] JOHN I，FALCONER M，TAKEO Y. Activity costing for engineers [M]. Research Studies Press Ltd，2000.
[9] 赵剑英，樊晓明. 关于我国建设项目造价管理范式转换的思考 [J]. 内蒙古大学学报（人文社会科学版），2007（6）：97-102.
[10] 袁东升. 工程建设项目全寿命周期造价管理研究 [D]. 天津：天津大学，2013.
[11] 杨朝晖，赵宗厂. 工程项目全生命周期成本控制意识探究 [J]. 会计之友，2011（30）：31-32.
[12] 任国强，尹贻林. 基于范式转换角度的全生命周期工程造价管理研究 [J]. 中国软科学，2003（05）：148-151.
[13] 张双根. 工程建设项目全生命周期造价管理研究 [D]. 广州：华南理工大学，2009.
[14] 吴卓华. 建设项目全寿命周期成本管理研究 [J]. 工程经济，2016，26（5）：49-53.
[15] 段功玲. 全生命周期成本管理——从地铁项目角度 [D]. 武汉：武汉工程大学，2017.
[16] 程鸿群，姬晓飞，陆菊春. 工程造价管理 [M]. 武汉：武汉大学出版社，2004.
[17] 任国强，张倩影. 全生命周期评价在我国绿色建筑中的应用 [J]. 沈阳农业大学学报（社会科学版），2007（05）：773-775.
[18] 马勇. 全生命周期造价管理及其应用研究 [D]. 成都：西南交通大学，2006.
[19] 徐志英. 全生命周期工程造价成本控制研究 [D]. 成都：成都理工大学，2007.
[20] NORRIS G A. Integrating life cycle cost analysis and LCA [J]. The international journal of life cycle assessment，2001，6（2）：118-120.
[21] Fuller S，Petersen S. LIFE-CYCLE COSTING MANUAL for the federal energy management program，NIST Handbook 135，1995 Edition，Handbook（NIST HB），National Institute of Standards and Technology，Gaithersburg，MD，[online]，https：//tsapps. nist. gov/publication/get _ pdf. cfm? pub _ id=907459（Accessed July 4，2021）.
[22] ASHWORTH A. Life-cycle costing：A practice tool? [J]. Cost engineering，1989（31）：8-11.
[23] 金鑫. 建设项目全寿命周期成本分析与控制 [D]. 天津：天津大学，2012.
[24] 孟宪海. 全寿命周期成本管理与价值管理 [J]. 国际经济合作，2007（5）：59-61.
[25] 殷俊明，王平心，吴清华. 成本控制战略之演进逻辑：基于产品寿命周期的视角 [J]. 会计研究，2005（03）：53-58，94.
[26] 赵宗厂. 工程项目全生命周期成本控制的理论与应用 [D]. 成都：西南财经大学，2011.
[27] 丁敏娜. 浅述工程造价管理中技术经济分析的应用 [J]. 装饰装修天地，2017（12）：186.
[28] 丁士昭. 工程项目管理 [M]. 北京：中国建筑工业出版社，2014.

[29] 张波,侣连涛. 我国循环经济基本理论的构建[J]. 才智,2008(13):154.
[30] 秦书生,黄威威. 我国发展循环经济的对策分析[J]. 沿海企业与科技,2006(11):1-3.
[31] 蒋海燕. 对现行工程项目投资决策方法的研究与思考[J]. 西部探矿工程,2006(11):322-324.
[32] 王治宪,金萃. 关于建设项目全寿命周期成本的分析与思考[J]. 电力学报,2008(2):127-129.

第 4 章　建设工程项目全生命周期风险管理

本章要点及学习目标

建设工程项目存在众多的不确定性，在建设过程的各个阶段存在着很多潜在的风险因素。这些风险一旦发生，会对至少一个项目目标，如进度、成本、质量等产生不利的影响。只有确保项目管理活动在各个阶段都充分考虑到各种风险问题，才能实现对项目风险的有效识别、预防、控制和应对。本章围绕建设工程项目风险管理展开，从全生命周期的角度对项目风险进行识别、分析、评估和应对。读者在学习本章时，需要全面了解建设工程项目全生命周期风险管理的必要性、风险分析的方法，掌握建设工程项目全生命周期各个阶段风险管理的内容。

4.1　建设工程项目风险的概念

4.1.1　风险的基本概念

美国经济学家奈特（F. H. Knight）在其著作《风险、不确定性和利润》中区分了风险和不确定性。奈特认为，风险是可测定的不确定性，而不可测定的不确定性才是真正意义上的不确定性[1]。日本学者武井勋在其著作《风险理论》中，总结了历史上诸家观点，提出风险的定义："风险是在特定环境和特定期间内自然存在的导致经济损失的变化。"[2]

在涉及风险问题的研究中，风险的定义大致可分为两类：第一类定义强调风险的不确定性，可称为广义风险；第二类定义强调风险损失的不确定性，可称为狭义风险。广义的风险定义暗示着伴随风险而来的既可能是某种机会，也可能是威胁，例如 PMBOK（第五版）中提到"项目风险管理的目标在于提高项目中积极事件的概率和影响，降低项目中消极事件的概率和影响"，此处风险可能带来机会或者威胁；狭义的风险则只强调风险带来的不利后果。由于在通常情况下，人们对意外损失比对意外收益的关切要强得多，因此，人们在研究风险时，侧重于减少损失，主要从不利的方面来考察风险，经常把风险看成是不利事件发生的可能性。此外，在有关工程项目风险管理的研究中，大都使用第二类定义。因此在本书中，对风险也作狭义的理解，即认为风险是"损失发生的不确定性（或称可能性）"，它是不利事件发生的概率及其后果的函数[3]。《风险管理指南》BS ISO31000：2018 对风险的定义非常简单：风险是"不确定因素对目标的影响"，该影响可能是正面的也可能是负面的。

4.1.2　建设工程项目风险的概念

工程项目风险是风险在工程建设项目中的特殊表现形式，是指在工程建设目标的活动或事件中存在的各种不确定性和可能发生的危险。工程项目风险管理是指通过风险识别、风险分析、风险评价等过程去认识工程项目的风险，并以此为基础合理地使用各种风险应对措施、管理方法、技术和手段对工程项目风险实行有效的控制,妥善处理风险事件造成的不利后果,以最少的成本保证工程项目总体目标实现的管理工作。当定量地评价建设工程风险时,会发现风险与概率、潜在损失的函数关系可以表示为[4]:

$$R=f(p,q)$$

式中　R——风险量;
　　　p——风险发生的概率;
　　　q——潜在损失。

传统的工程项目管理很少考虑风险问题,然而,工程项目特别是大型工程项目由于技术、施工、地质、材料等方面的原因,存在着许多不可预见的干扰因素与障碍,存在大量的不确定因素,加之工程建设周期长,涉及单位多,还不可避免地遇到许多诸如政治、人文、物价、气候等不可抗拒与不可预见事件,一旦发生风险,必然对工程项目产生影响[5]。

建设工程项目风险管理是一门新兴的管理科学,是项目管理的一个重要分支,是对项目中的风险进行管理的过程[6]。项目风险管理是指项目管理人员对可能导致项目损失的不确定性因素进行风险识别、风险分析及风险评价等,并在此基础上合理地使用各种风险应对措施、风险管理方法,对项目的风险进行有效的处置,争取以最低的成本保证项目的顺利完成[5]。

4.1.3　建设工程项目风险的特点

建筑工程项目的建设要经历一个周期长、投资规模大、技术要求高、系统复杂的生产消费过程。在这个过程中,未确定因素、随机因素和模糊因素大量存在,并不断变化,由此而造成的风险直接威胁工程项目的顺利实施。工程项目风险的特点主要有以下几点[7]:①风险存在的客观性和普遍性,即作为损失发生的不确定性,风险是不为人的意识所转移的客观实在,在整个项目生命周期内,风险无处不在,无时不在;②风险的影响不会是局部或某一个时间段,而是全局性的;③参与工程建设的各方均有风险,但各自承担的风险不尽相同,承受能力也有所不同;④建设工程项目风险大,变化复杂[4]。综上所述,工程项目风险的特点和工程项目有很强的关联性,是和工程项目的特点相对应的。

4.1.4　建设工程项目风险的分类

为了深入、全面地认识建设工程项目风险,并有针对性地进行管理,人们经常对社会生产和生活中遇到的风险进行分类。从不同角度或根据不同标准,可将风险分为不同的类型。表4-1是工程项目常见的风险分类。

建设工程项目风险的分类[7]　　　　　　　　　　表4-1

分类方法或依据	风险类型	特点
按风险后果分类	纯粹风险	只会造成损失,不会带来机会或收益
	投机风险	可能带来机会获得收益,但又隐含威胁、造成损失
按风险来源分类	自然风险	由于自然力的作用造成财产损失或者人员伤亡
	人为风险	由于人的活动带来的风险,分为行为风险、经济风险、技术风险、政治风险和组织风险等

续表

分类方法或依据	风险类型	特点
按风险事件主体的承受能力分类	可接受风险	低于一定限度的风险
	不可接受风险	超过所能承担的最大损失和目标偏差巨大的风险
按风险对象分类	财产风险	财产所遭受的损害、破坏或贬值的风险
	人身风险	疾病、伤残、死亡所引起的风险
	责任风险	法人或自然人的行为违背了法律、合同或道义上的规定,给他人造成财产损失或人身伤害
按技术因素对风险的影响分类	技术风险	由于技术原因形成的风险
	非技术风险	非技术原因引起的风险

4.2 全生命周期风险管理的概念

4.2.1 全生命周期风险管理理论的发展

全生命周期风险管理的思想形成于20世纪60年代,当时主要在美国军队中应用于先进战斗机、航母等高科技武器的管理。20世纪70年代,全生命周期管理理念开始在国防建设、航天科技等领域被推广应用。20世纪90年代后,有学者试图将风险识别及分析贯穿于项目全生命周期中,于是对传统的静态风险管理的不足之处进行了探索[8]。1994年,H. Rent's 提出了风险生命期的概念[9]。美国东密歇根大学(Eastern Michigan University)的 V. M. R Tummala 教授等人提出了一种包含风险管理五个核心要素(风险识别、风险衡量、风险估计、风险评价和风险监控)的风险管理过程方法——RMP方法[10,11],该方法将项目风险管理过程作为一个动态过程,并可以适用项目生命期的不同阶段;1998年,美国交通部发布了一项指导性研究报告,建议在高速公路设计过程中采用全生命周期成本分析技术。随后,Ali Jaafari 在2001年提出了生命周期风险管理的概念[12]。目前,全生命周期风险管理在国外应用于很多工程领域,包括建筑、公路、桥梁、水利系统等。

在国内,张亚莉等人率先从全生命费用管理的概念推广到全生命周期的风险管理,认为项目整个生命周期内的风险主要可分为技术风险、进度风险、费用风险、计划风险与保障性风险等几类[13];2006年6月6日,国资委发布了《中央企业全面风险管理指引》文件,引起了国内全面风险管理研究的热潮;2011年,李成结合项目风险管理成熟度模型,从风险管理组织体系、人力资源体系以及经验管理体系这三个方面,对动态的全面风险管理体系的改进过程进行了论述和对整个项目组织的风险控制水平进行提升[14]。目前,全生命周期风险管理的相关研究很多,但是真正贯穿于整个建设项目全生命周期的风险管理理论还未形成统一的共识。

4.2.2 全生命周期风险管理的特点

全生命周期风险管理具有以下几个特点[15]:

(1) 风险管理的方法选择要根据建筑项目的不同特点进行。全生命周期风险管理行为是站在全局的角度,关注项目整体风险的管控。所以,风险管理方法的选择过程更依赖于对建设项目的整体复杂程度、规模大小、工艺难易程度、项目类型以及所处的地域特性等综合要素的参考。

（2）基于信息的有效传递和共享基础之上。只有在建设项目的全生命周期内构建起高速有效的信息共享和信息沟通的平台，才可能实现全生命周期风险管理理念，否则这一理念的实施只能成为口号，必将面临失败的结局。

（3）注重知识和经验的系统化和信息化。尽管风险管理行为正经历着从凭直觉和经验的管理方式转变为数据协助管理的理性管理过程，但在全生命周期风险管理行动中，人为因素还是或多或少地产生了一定的影响。人为主观因素影响着对风险的认识、风险的描述、规律的认识和思维方式等一系列管理活动。所以，在执行建设项目全生命周期风险管理时，还需重视知识经验的积累和借鉴过程，通过信息化手段加以推广，使风险管理过程更系统、更规范。

（4）与建设项目中的其他子系统紧密相关。建设项目全生命周期风险管理涉及项目管理的各个阶段和方面，与项目管理的其他各子系统紧密相关。它是一种包括战略和战术两个层次规划的较高层次的综合性管理工作。因此，建设项目风险管理必须与其他子系统的管理活动形成一体。

4.2.3　全生命周期风险管理的重要性

工程项目建设实践中，从论证、规划、勘察设计、施工到运行维护等各个阶段都存在大量的不确定性因素，风险始终客观存在于项目全生命周期各阶段。因此，风险管理应该是针对整个项目生命周期而不是项目管理的某个阶段，只有确保项目管理活动在各个阶段都充分考虑到各种风险问题，才能实现对项目风险的有效预防、控制和应对。工程项目风险一旦发生，不仅会造成巨额经济损失，而且还可能留下重大隐患，后果不堪设想。通过对全生命周期的风险因素进行比较全面、详细的识别、评估，对发生频率高或造成损失大的风险因素进行有效预防，其核心是对整个生命周期内的风险进行分析、处理和控制，有效减少工程项目风险的发生，从而更好地实现工程项目的预定目标。这种风险管理的思路，是把风险管理作为伴随项目整个生命周期的一个系统化过程，最大限度地控制和降低风险。此外，全生命周期风险管理也丰富并指导项目管理过程中各个阶段的其他工作。

尽管基于全生命周期的风险管理不能保证彻底去除工程项目中全部的风险，但将全生命周期理论引入风险管理却为我们提供了很有益的一套流程化、系统化的方法，有助于考虑项目全生命周期各阶段动态的风险，从而利于积极采取有效措施去应对风险[16]。全生命周期的风险管理具有降低项目风险管理成本、注重知识管理和提高组织能力等优点。因此，在建设工程项目中实施全生命周期的风险管理是非常有必要的[17]。

4.3　建设工程项目全生命周期各阶段的风险管理[8,18,19]

项目风险源于任何项目中都存在太多的不确定性，风险一旦发生，会对至少一个项目目标如进度、成本、质量目标或成果产生不利的影响。因此，风险管理不是一个独立的流程，应当从一开始就被作为整个项目生命周期管理体系的一个环节，管理项目面临的各种风险，以经济、有效的定性、定量分析方式建立风险执行计划并对之实施和监控，尽量避免和减少风险，将威胁转化为机会，实现项目管理的最优实施。图4-1显示了项目全生命周期各阶段的风险事件和整体风险的变化趋势。在项目早期，通常是整体风险较大，而后期则是财务风险较为突出[20]。

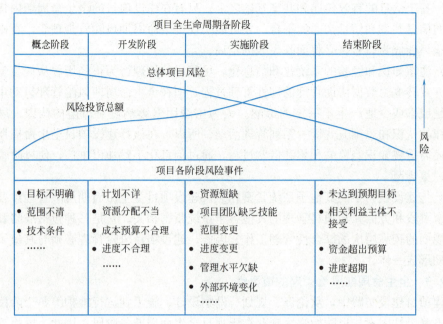

图 4-1 项目全生命周期风险分析

4.3.1 决策阶段的风险管理

项目决策是一项复杂的活动,对于一般的项目而言,该阶段的耗资占工程造价的1%左右,但是对项目工程造价的影响度近乎100%,直接影响着项目的成败;而且建设项目一般周期长、投资大、风险大,并且有不可逆转性,一旦进行工程建设,即使发现错误,也很难更改。因此,投资决策是工程项目管理中最重要的一个环节,必须加以重视[21]。在工程建设项目全生命周期中,决策阶段总体来说包括项目建议书、可行性研究两个阶段。在可行性研究时需要开展风险因素及风险对策分析。其主要分析的内容包括项目的技术风险、市场风险、组织风险、财务风险、经济风险、法律风险以及社会风险等,制定规避风险的对策,为项目全过程的风险管理提供依据。

在项目决策阶段需要依据工程项目的实际情况以及合同约定,收集相关资料,建立项目总的风险清单,并评价各风险等级。由此制定相应的风险应对措施方案,以及风险监控的程序和风险管理的各种表单[18]。

项目立项阶段是风险识别至关重要的阶段,对于社会风险、市场风险等与项目环境有关的风险,主要责任方是业主方所在地政府,这就要求承包企业对所在地的政治法律情况、社会文化环境等进行全方位的了解。建议承包商对这些风险做好风险责任转移、保险购买等措施,对这些风险因素提前予以规避。尤其是社会风险,对其他风险的影响程度非常大,是影响工程项目的重要因素。需要动态监控社会风险对其他风险产生的影响,及时制定风险应对策略,避免产生连锁反应。对于投标报价风险和合同风险,主要责任方是承包商,投标报价是在非对称信息下进行的,合同的分配问题也对后续的风险有着很大的影响,因此要根据项目本身有针对性地进行可行性研究,尽可能全面地分析项目各个阶段可能隐藏的风险,慎重分析合同及规范,通过合同条款进行风险规避,从而争取有利地位。

4.3.2 设计阶段的风险管理

设计阶段是工程建设项目的重要阶段,它通过设计文件将项目定义和策划主要的内容予以具体化和明确化。根据国外有关研究对我国建筑行业工程事故原因分析的资料显示,设计原因造成的事故占 40%;且设计费用为项目总投资的 3% 左右,却影响着项目总投资的 70%~80%[22]。

在设计阶段,需要分析评价设计中的各类风险,制定相应的风险控制方案,组织设计工作人员对设计方案进行评估,并对设计方案提出优化建议。对设计图纸进行审查,检查对有关规范标准的遵守情况。此外,及时更新风险策划阶段的风险清单与风险预控计划等。该阶段的风险应对措施主要是对施工现场做全面的勘测、调查;正确评估技术水平、资源,制作良好的计划表,减少不合理的缺陷。

4.3.3 施工阶段的风险管理

在施工组织阶段,组织各相关方专家,结合已有的风险管理计划对施工方案及其他施工过程中的风险进行评估,提出应对措施,形成新的风险管理计划。同时,风险管理人员应根据风险管理计划,对承包商进行风险工作交底,提醒承包商注意。另外,风险管理人员还需要负责对承包商、分包商的工作人员及工程其他人员进行风险管理教育,增强其风险意识,提高其对风险管理的重视程度。

在施工阶段,按工程质量检验评定标准和验收规范实施施工现场工序操作检查、隐蔽工程验收以及竣工验收等。同时,检查是否按安全工作计划施工,并对安全重点实施预控,安全事故发生后,采取紧急措施,并分析原因,更新风险管理计划等。另外,依据风险监测计划,对可能的风险进行监测分析,在建筑材料、构配件进入现场前进行检查,并出具符合要求的报告或建议。

施工阶段的主要风险有参与方风险、管理风险、施工风险等,主要责任方是承包商。承包企业在提高专业技能的同时,还应该增强风险意识和风险管理水平,全面、动态地进行风险管理,提高风险管控能力,通过购买保险、索赔等方式进行适当的风险转移。

4.3.4 竣工验收阶段的风险管理

在竣工验收过程中,主要是工程建设项目质量缺陷风险。有些工程的部位和设备不经过一定时期是难以发现其质量缺陷的,更有甚者,施工单位、监理单位或者其他的验收成员勾结,因此项目交付时,假如业主方对工程建设项目的质量把关不严,往往会被迫接受有缺陷的工程。

因此,在竣工验收阶段,需要对竣工项目进行风险评估,提交工程风险的控制及运营阶段的风险评估报告,出具竣工工程的质量评价和提出运营风险管理建议。该阶段的主要风险有竣工验收风险、索赔风险,主要责任方是承包商。虽然风险相对较小,但是风险问题不容忽视,应当增强风险意识,加强后期的管理。

4.3.5 运营维护阶段的风险管理

运营维护阶段可能出现以下风险:

1. 运营维护及维修风险

运营成本是指维持项目的服务或者产品的生产所需要的花费。运营维护的费用主要包括运营维护所需要的人工、材料以及机械的花费。对于工程的维护来说,在责任保修期内，可以启用施工单位预留的维修金进行维修。对于工程建设项目来说，它不同于一般的商品，因为它的生命周期长达数百年，主体结构的维修是终身的，而对于施工单位来说，其生命周期很可能小于工程项目的生命周期，这也就给主体结构终身的维修带来了一定的风险。除此之外，还要考虑工程自身的大修所带来的经济风险。风险管理人员对在此期间出现的质量问题进行检测，对质量问题的处理方案提出建议，并查找、分析问题原因，对各种索赔的可能进行分析、判断。

2. 技术更新风险

随着社会的进步，科学技术也是日复一日的不断更新。科学技术更新的越快，各种设备的寿命就越短暂。如今比较先进的技术，在若干年后，可能会被新的技术所代替。也因此，技术的更新往往会引起设备的更新。

3. 拆除回收风险

在拆除的过程中，会产生一定量的建筑垃圾，如果处理不好，势必会给社会带来环境污染的风险。

4. 市场风险

随着科学技术的发展以及整个建筑市场的开放，绝大部分建筑产品作为商品进入市场，且很多的项目特别是运营项目都与市场的占据量有很大的关系，因此在该阶段中，市场风险几乎决定着项目投资的成败。

5. 管理风险

该风险主要包括人才的管理风险。在项目的运营阶段，势必会用到一定数量的人员进行操作，以维持项目的运营。假如没有技术成熟的人才，将会直接影响项目的投资效益。

在运营维护阶段，市场风险是重点评估的对象，在实际的风险评估中往往需要同项目的后评价在经济风险中一起考虑，因为市场风险是经济风险的重要组成部分。在项目建成投入运营之后，经济风险的风险源主要体现在两个方面：一是项目的经营成本风险，二是项目的市场风险。

4.4 全生命周期风险管理方法

王宏伟等人按照风险分析、风险评价、风险决策、风险监控四个阶段，从定性与定量两方面，对全生命周期风险管理方法进行了归纳总结，建立了一套客观、科学、系统、动态的海洋工程项目的全面风险管理方法体系[23]。在此基础上，高云莉[24]对常用项目风险管理方法的优点、缺点和适用范围进行了汇总（表4-2）。汇总表直观清晰地将风险管理不同工作内容的常用方法罗列出来，总结完整全面，管理者可以根据不同的适用条件有针对性地选择最优的管理方法。

常见风险管理方法汇总表　　　　　　表4-2

风险流程		主要方法	优点	缺点	适用范围
风险识别	定性	核对表法	将项目潜在风险列在核查表上，便于识别和核对	不能揭示风险源之间重要的相互依赖关系，对隐含的风险识别不力	适用于历史上类似项目较多的项目

续表

风险流程		主要方法	优点	缺点	适用范围
风险识别	定性	头脑风暴法	充分发挥集体智慧	对会议的领导者组织能力要求较高	适用于无先例参照的项目
		德尔菲法	集中许多专家意见	易受主观因素影响,容易偏于保守	常用于信息、数据缺乏或加工其数据代价太大等长期项目
		情景分析法	展示未来发展变化,避免过低或过高	带有一定局限性	适用于可变因素较多的项目
		故障树分析法	逻辑性强,其分析结果具有系统性、准确性和预测性	用于大系统时,易产生遗漏和错误	适用于直接经验很少,较复杂的系统,应用广泛
	定量	敏感性分析法	能够找出敏感性因素,确定其可承受的变动幅度	未考虑参数变化的规律	常用于方案选优,预测项目变化的临界条件
风险评估	定量	影响图法	可以清晰地表示变量之间的相关性	计算规模随着不确定因素个数呈线性增长	适用于不太复杂的项目
		盈亏平衡分析	能够判断在各种不确定因素作用下项目适应能力和对风险的承受能力	需要精确、可靠的信息资料支持	适用于项目的短期费用、效益分析,经济风险分析
		概率分析法	简化确定各种概率,更科学合理	未给出方案取舍原则,多方案必选方法	适用于风险事件概率分布确定,风险后果可量化
		贝叶斯概率法	改善风险概率估计,提高风险估计质量	有些数据需要主观概率,降低了可信度	适用于各种风险发生概率均可确定时
		蒙特卡洛模拟法	能够用来进行项目仿真预演	需要能够观测样本	适用于项目进度模拟
		层次分析法	能够将无法量化的风险按照大小排出顺序	结论依赖专家的知识和经验	适用于评价单项风险,或者与其他方法联合使用
		模糊数学法	对不能清晰表达的过程能够建立数学模型	计算复杂	适用范围广
		灰色理论法	在贫信息的情况下解决问题	计算复杂	系统外部信息明确,内部规律不确定甚至数据信息不全
风险应对		风险回避	可避免损失	可能丧失机会	适用于潜在威胁发生可能性大,不利后果严重又无其他策略
		风险转移	可减轻自身风险压力、损失	有一定限制	适用于资源有限不能实行减轻预付策略;难以预测的风险
		风险缓解	可减轻风险	不能从根本上消除风险	适用于早期采取措施降低风险发生概率或影响,效果较好

续表

风险流程		主要方法	优点	缺点	适用范围
风险应对		风险自留	在某些条件下有积极作用	可能面临更大的风险	适用于损失后果不大,采用其他方法费用超过风险带来的损失
风险监控	定性	项目风险报告	能够为以后提供参考	信息收集量大	适用范围广
		审核检查法	随时发现问题、解决问题	需要很好地组织审核会议	适用项目全过程
		监视单	简单、容易编制	需要随时更新	适用项目全过程
	定量	偏差分析法	直观动态反映工程进度和费用	从费用比较看,费用偏差意义不大	适用监视工程工期、费用风险
		关键线路法	应用广泛,能够分析进度、工作流程等	不能反映不确定因素的影响	适用于有经验的工程项目,其作业时间是确定的
		计划评审技术	能够处理作业时间不确定的项目	精度不高	适用于未经历过的新项目
		图示评审技术	能处理随机因素	计算复杂	应用广泛

4.4.1 风险识别的概念、步骤及方法[8]

1. 风险识别的概念

风险识别是指行为当事人在风险事故发生之前,借助有关的历史资料和实际经验,通过一定的方法或者手段对项目中的各种风险源或者不确定因素进行识别。风险识别是风险管理的第一步,也是风险管理的基础。只有正确地识别出工程项目所存在的风险,才能够主动选择适当的方法进行处理。

2. 风险识别的步骤

风险识别需要以下步骤:

(1) 收集信息。在收集信息时一定要重视信息的准确性和有效性。风险识别需要大量的信息,如果没有掌握大量的信息,没有熟悉项目的整体情况,那么风险识别是不可能有效进行的。

(2) 工程项目风险的识别。在收集信息的基础之上,相关当事人采用合理的方法对工程项目所面临的风险进行识别。然后对识别出的风险进行归纳分类,通过风险目录摘要的形式表示出来。对于识别出的每个风险还要有一定的文字说明,说明中应该包括风险特征、可能后果、估计发生事件、预期发生的次数及不同风险事件之间的联系等。

3. 风险识别的方法

风险识别常用的方法如下:

(1) 头脑风暴法。该方法也称为集思广益法,是由美国的奥斯本于1939年首创的,是最常见的一种方法。它规定了一定的规则和技巧,从而形成了一种有益于激励创造力的环境氛围。首先,使参会者自由地畅想,无拘无束地提出自己的各种新构想和新主意,然后再通过参会者之间的相互交流,使参会者在头脑中产生智力的碰撞,最终使参会者的观点不断地集中和精化。其基本的要求如下:一是参会者人数不宜过多,一般是6~12个人;二是参会人员最好有不同的背景,这样他们可以从不同的角度对问题进行分析;三是参会人员最好是同一层次的人,并且没有领导的直接参与,这样可以使他们不受约束,便于提出更多别出心裁的想法。

(2) 德尔菲法。该方法又名专家意见法或专家函询调查法,是美国著名咨询机构兰德公司于20世纪50年代发明的。我国20世纪70年代引入此法,目前已经在许多项目管理中进行了应用,并且得到了满意的效果。概括起来说,该方法是采用背对背的通信方式征询专家小组成员的预测意见,将他们回答的意见综合、整理、归纳,匿名反馈给各个专家,再次征求意见并且对其意见进行修改、整理,然后再次反馈。如此反复多次,直到得到专家们比较一致的意见。其基本要求如下:专家人数不宜太少,一般以10~50个人为宜。因为该方法容易受到主观因素影响,有可能会发生一定的偏差,人数越少则偏差越大。

(3) 检查表法。检查表是记录和整理数据的常用工具。当用于风险识别时就是将类似的项目所经历过的风险事件及其来源通过表格的形式罗列出来,相关人员看过之后会开阔思路,就会想到本工程项目所潜在的风险。因此,该方法起到一个抛砖引玉的作用。该方法的优点是:它能够便人们按照系统化、规范化的要求去识别风险,简单易行。不足之处是:专业人员不可能编制出一个包括所有风险的检查表,可能会漏掉某些潜在的风险,因此,该方法具有一定局限性。

(4) 流程图法。流程图法是对工程项目全生命周期流程的每一阶段、每一环节逐一进行调查分析,从中发现潜在风险,找出导致风险发生的因素,然后分析风险产生后可能造成的损失以及对整个组织可能造成的不利影响。运用流程图法,可以使复杂的工程项目过程变得简单,因此相关人员可以明确地发现工程项目所面临的风险。但是流程图分析仅仅着重于流程本身,而无法显示发生问题所在时间阶段的损失值或者损失发生的概率。

(5) SWOT法。该方法又被称为态势分析法或优劣势分析法,它是将外部环境中的有利条件和不利条件,以及企业内部条件中的优势和劣势分别计入一个表格,然后对比其优劣势,进行经营决策。

(6) 工作结构分解法。工作结构分解法被称为项目管理中最有用的方法,被称为"计划前的计划,设计前的设计"。该方法是将项目过程分解成相互独立、相互影响、相互联系的项目单元。风险识别要达到减少风险因素不确定性的目的,就不仅要弄清楚项目的各个组成要素、各个组成要素的性质,还要弄清楚各个组成要素之间的关系。在实际的工程建设项目中,该分解并不会凭空地增加工作量,因为项目管理的范围、进度以及成本管理等方面也要使用分解结构对项目进行分解。

(7) 情景分析法。该方法是指假定某种现象或某种趋势持续到未来的前提下,对预测对象可能出现的情况或引起的后果作出预测的方法。通过相关人员对工程项目内外相关问题的系统分析,可以设计出多种可能的未来前景。因此,该方法不仅可以识别出工程项目将来存在的风险,而且可以对风险损失起因进行评价。

(8) 财务分析法。该方法是指通过分析资产负债表、损益表、营业报告以及财务记录、预算报表等相关资料,对项目的风险进行识别。因为企业的各种活动和财务紧密联系,因此财务表格分析法不仅能够发现财务风险,还可以发现其他活动中的风险。该方法的优点是信息准确、客观、清晰、扼要,而且容易被外部人员接受,缺点是反映不够全面。

在实践中，用于识别项目风险的方法有很多，除以上的这些方法之外，还有敏感性分析法、故障树分析法等。每种风险识别的方法都有自己的优缺点，可以依据实际情况具体选择，也可以同时运用多种方法一起对风险进行识别。

4.4.2 风险评估的概念、步骤及方法[8]

1. 风险评估的概念

风险评估是在工程项目风险识别的基础上进行的，因为风险识别仅能从宏观上识别出工程项目潜在的风险，如果想要了解风险准确的情况和确切的根源，还需对风险进行评估。

2. 风险评估的步骤

风险评估一般又可分为风险估计和风险评价。

（1）风险估计

风险估计又称风险测定、测试、衡量和估算等。风险估计是以单个风险为对象，而非项目整体的风险。其是在风险识别之后，通过建立风险估计模型，对风险事件发生概率的大小、发生后所造成的损失程度、发生的时间和影响范围进行估计，然后再对风险事件按照其影响程度进行排序。

（2）风险评价

风险评价是指风险发生的概率及损失程度，结合其他因素对整个项目进行全面的考虑。风险评价的步骤如下：

①确定工程项目的风险评价标准。风险评价基准就是项目主体针对每一种风险后果确定的可接受水平。单个风险和整体风险都要确定评价基准。②确定工程项目的风险水平。风险水平包括单个事件的风险水平和项目整体风险水平。项目整体风险水平是在单个事件风险水平的基础上进行确定的，因此在确定项目整体风险水平时，一定要弄清楚各个风险之间的联系和作用。③比较工程项目的风险水平与评价标准。将工程项目的单个风险水平与单个评价标准、整体风险水平与整体评价标准进行比较，确定该工程项目是否在可接受的范围之内。

3. 风险评估的方法

工程项目的风险评估方法可分为风险定量评估方法和风险定性评估方法。风险定量评估方法是指把风险事件发生的可能性和发生后所造成的损失用量来表示，它是在大量的统计资料之上进行的，是一种科学的、理性的方法。风险定性评估方法是一种感性的、相对直观的方法，它主要是对无法量化和量化水平较低的风险进行评估。除此之外，为了得到更加可靠的结果，也可以在定量研究的基础上作定性分析。

风险定量评估方法有以下几种：

（1）敏感性分析法。敏感性分析是指影响因素的变化对投资经济效果影响程度的大小。该方法具体包括单因素敏感性分析法和多因素敏感性分析法。单因素敏感性分析法是指每次进行风险因素分析时只改变一个因素的数值，多因素敏感性分析法是指同时改变两个或两个以上的因素进行分析[25]。在使用该方法时，若影响因素的小幅度变化能导致经济效果指标的较大变化，则投资项目的该影响因素对经济效果指标的敏感性大，称这类影响因素为敏感性因素；反之，则称为非敏感性因素。一般说来，敏感性强的因素会给项目带来较大的风险。该方法的局限性是没有考虑因素变化对风险事件发生可能性的大小，因此有可能会影响分析结论的准确性。

(2) 盈亏平衡分析法。盈亏平衡分析是通过盈亏平衡点（BEP）分析项目成本与收益的平衡关系的一种方法。盈亏平衡点是项目盈利与亏损的转折点，即在这一点上，销售收入等于总成本费用，正好盈亏平衡，以此来判断投资方案抵抗风险的能力，为决策提供依据。该方法一般用于工程项目的费用分析或者收益分析，其应用的前提是可以通过经验或者历史资料对项目的未来状况有确定性的判断。

(3) 决策树分析法。决策树分析法是一种被广泛使用的方法，因其所要分析的图形像一棵树的枝干而得名。决策树分析法是把有关决策的相关因素分解，计算其概率和期望值，绘制成树枝图，并进行方案的比较和选择。该方法具有的优点是层次清晰、不遗漏、不易错，可进行多级决策；缺点是若分级太多，树状图将很复杂。

(4) 蒙特卡洛模拟法。蒙特卡洛模拟法又被称为模拟抽样法或统计试验法，是在经济风险和工程风险的估计中常用的一种方法。该方法通过专家主观估计得到的概率和计算机模拟，直接估计出各种风险发生的概率，并以概率分布的形式表示出来。应用该方法的基本思路是：随机地从每个不确定因素中抽取样本，对整个项目不断重复地进行计算，直到模拟出各式各样的不确定性组合，在各种组合下获得多种结果，再对其获得的结果数据进行统计和处理，然后从中找出项目变化的规律。

风险定量分析方法除了以上四种外，还包括概率分析法、计划评审技术法、网络模型法和模糊数学法等。

风险定性评估方法有以下几种：

(1) 矩阵图分析法。矩阵图分析法出现于20世纪90年代的中后期，是由美国空军电子系统中心提出的。它是用风险概率与风险发生后损失程度的估计值相乘之积来构建一个矩阵，然后对风险按照低、中、高类别等级进行排序。

(2) 故障树分析法。故障树分析法简称FTA（Failure Tree Analysis），是1961年由美国贝尔电话研究室的华特先生提出的。它是一种树状机构图，首先利用图形的形式对风险因素进行分析，然后确定出风险因素各种的组合方式[26]。该方法将工程项目中的风险由大到小、分层排列，因此可以比较容易地找出所有的风险。故障树分析法适用于比较复杂的工程项目的风险分析与评价，它的特点是逻辑性强并且分析的结果准确。因此，在实际的工程项目中，它是一种比较广泛应用的方法。

风险定性分析方法除了以上两种外，还包括专家调查打分法、外推法等。

风险定性与定量相结合的评估方法有以下几种：

(1) 层次分析法。层次分析法（Analytic Hierarchy Process，AHP）是美国运筹学家匹茨堡大学教授萨蒂于20世纪70年代初提出的定性和定量相结合的一种方法。在具体的项目风险分析中，该法主要有两个步骤：一是将风险因素从最上层开始逐层进行分解识别直到最低层为止；二是从最低层开始两两比较风险因素的相对重要程度，然后列出该层相关的风险因素的判断矩阵，该层次各个风险因素的权重由判断矩阵的特征根进行确定，利用该层次的各个风险的权重和概率，可以求得上一层次的风险的权重和概率，最后可以求得总目标风险的权重和概率。

(2) 综合评价法。综合评价法是指由专家们凭借经验对项目各类风险发生的概率和发生后所造成的损失程度作出估计。该方法简便、直观性强，计算方法简单，可以对项目进行定量和定性分析，因此该方法被广泛应用。该方法较适用于决策前期，因为该时期项目具体的数据资料往往比较缺乏，主要依据专家们的实际经验对风险进行确定。

4.4.3 风险应对的概念、原则及方法

1. 风险应对的概念

风险应对是指利用某些手段或者方法对识别出并且评价后的风险进行管理，以使风险处于可控之中。因此，风险应对研究的重点是避开风险以免风险事件发生后造成损失、控制风险以降低风险发生的概率或者风险发生后所造成的损失。

2. 风险应对的原则

风险应对的原则主要有：

（1）针对性。风险应对具有很强的针对性，因为要结合风险的具体特点来采取风险应对措施，以将风险带来的影响尽可能地降到最小。

（2）可行性。风险应对研究应立足于客观现实的基础之上，应在技术上是可行的。因为只有在技术上是可行的，才能达到控制风险的目的。

（3）经济性。对项目中潜在的风险进行控制是要付出一定的代价，但是如果提出的风险应对策略所花费的费用远大于可能造成的风险损失，该风险应对策略将毫无意义。

因此，应该对风险措施所付出的代价与风险可能造成的损失进行权衡，达到以最少的风险管理费用获取最大的风险效益的目的。

3. 风险应对的方法

风险应对的方法主要有：

（1）风险回避

风险回避是指采用拒绝或者放弃承担风险的方式来回避可能造成损失的风险。就风险的意义而言，风险回避是一种最彻底、最强有力的手段，即完全地排除风险发生的可能性，是一种消极的防范风险措施[27]。因为回避风险可以避免承担风险发生后所造成的损失，但是也失去了实施项目所可能带来收益的机会，而且也窒息了项目有关各方对于工程项目建设的创造力。因此，风险回避具有一定的局限性：

1）风险回避只有在对风险发生后所造成的损失程度严重性完全确定时才具有意义，因为风险具有不确定性，因此风险都是相关人员估测出来的。一般来说，风险管理人员不可能对工程建设项目中的所有风险都进行准确识别和衡量。

2）建设工程项目投资风险回避措施通常都是指放弃实施建设项目，这虽然使投资商遭受损失的可能性为零，但同时代表着失去了实施项目所带来收益的机会。

3）在工程项目的建设中，某些风险是无法回避的，比如经济风险、社会风险、自然风险和政治风险等。

4）因为工程项目中的风险无处不在，有时避开某一种风险可能会产生另外一种风险。比如采用优质材料代替劣质材料虽然避免了质量风险，但同时也为项目带来了成本风险。

通常，风险回避适用于以下的情形：

1）客观上是可以不需要的项目，没有必要进行冒险。

2）损失发生的频率虽然不是很大，但是一旦发生，将会造成非常严重的后果，主体具有无力再继续承担该项目的可能性。

3）采用风险应对措施的经济成本超过了实施该项目所带来的预期收益。

(2) 风险转移

风险转移是指在无法对风险采取风险回避的措施下,将应对风险的权利和风险的结果转移给他方。这是一种最常用的风险应对措施。当采用风险转移的策略时,风险的原本承担者也应付出一定的代价,其代价的多少由风险发生的可能性和风险发生后所造成的损失程度决定。风险转移并不会减少风险的危害程度,它只是将风险转移给了另一方来承担。因为各人的优劣势不同,因此对风险的承受能力也不一样。在某些环境下,风险转移有可能达到双赢。实行这种策略要遵循三个原则:一是应有利于降低工程成本和有利于履行合同;二是谁能更有效地防止或控制某种风险或减少该风险引起的损失,就由谁承担该风险;三是应有助于调动积极性,认真做好风险管理,降低成本,节约投资。我们常说的工程保险和工程担保就是风险转移最常用的两种方法。

(3) 风险缓解

风险缓解又被称为风险减轻,主要是指降低风险发生的可能性或者降低风险发生后所造成的损失程度[28]。降低风险发生后所造成的损失程度又包括降低风险正在发生时的损失和降低风险发生后所造成的损失两种情况。制定损失控制措施时,应该从事前控制、事中控制、事后控制等几个环节制定周密完整的损失控制计划,即针对特定风险采取的风险缓解措施,应由预防计划、风险发生时的计划和风险发生后的计划三部分组成。

1) 事前控制。事前控制是指降低风险发生可能性的应对措施,该计划是在风险发生之前进行的。例如:供应商通过扩大供应渠道,以避免货物滞销;生产管理人员通过强化项目的安全措施和加强项目实施人员的安全教育,以减少事故发生的概率;业主可以雇用一家独立的质量保证公司作为对工程项目的第二检查人,以减少隐藏的缺陷;承包商要求在合同条款中赋予其赔偿的权力,是为了防止业主违约或发生种种不测事件;业主通过承包商出具各种保函,是为了防止承包商不履约或履约不力;安全规程中要求的施工人员在工地内必须佩戴安全帽和高空作业要系安全带,是为了保证施工人员的生命安全以控制风险的发生等。

2) 事中控制。事中控制是指降低风险正在发生时损失的应对措施,该计划是在风险发生时进行的。例如:为防止火灾发生时所造成的损失,安装火灾警报系统或者在建筑工地设置多个灭火器点;业主在确信某承包商无力继续实施其委托的工程时,立即撤换承包商;承包商在业主付款误期超过合同规定的期限时,立即停工或者撤出队伍,并提出索赔要求,甚至向法院提起诉讼;施工事故发生后采取紧急救护等。

3) 事后控制。事后控制是指降低风险发生后所造成损失的应对措施,该计划是在风险发生后进行的。其主要是指在风险发生之后应及时采取措施,控制风险问题的涉及范围和影响程度,尽可能减少损失。例如:在时间和空间上将危险与保护对象隔离;减少危险因素;防止已经存在的危险的扩散等。

(4) 风险自留

该手段是一种财务管理技术,是指风险主体通过自己备留资金的策略,来完全承担起风险可能造成的所有损失。其实质是明知风险有一定的发生可能性,但是在与其他的风险应对策略对比之后,出于可行性和经济性方面考虑,仍然采用风险留下的手段,在项目的运行当中,如果真的发生该风险,则依靠风险管理预留的资金,去弥补风险造成的损失。在实践过程中,有主动自留和被动自留之分。主动自留是指在对工程项目风险进行预测、识别、评估和分析的基础上,项目管理人员认为没有其他处置手段比主动地承担项目中的某些风险更好,于是有意识有准备地采用筹集资金的方式来应对自留的风险。被动自留是指在未能准确地对风险进行识别和评估的情况下,被动地采用风险自留的方式。显然可知,被动自留具有被动性和无意识性,由于它是在没有对风险进行准确识别和评估的基础上进行的,因此往往会使相关主体遭受重大的损失,所以对风险进行准确的识别和评估是采取风险自留的前提条件。下面几种情况可以采取风险自留的策略:

1) 面临不可避免的风险,并且也无法对风险进行转移。比如来自自然界和人类冲突的风险、意外事故风险等,这时相关主体只能自己承受。

2) 预计某一风险发生可能造成的最大损失,相关主体本身可以承担。

3) 面临的是可以转移的风险,但发现转移成本太高,不如自己承担,比如向保险公司购买火灾保险,但保险费太高,不如自己承担花费小。

(5) 风险利用

风险按其性质可分为纯风险和投机风险,纯风险是指只可能带来损失而不会带来收益的风险,投机风险是指可能带来损失也有可能带来收益的风险。风险利用仅针对投机风险而言[29]。原则上投机风险有被利用的可能,但并不是代表投机风险一定可以带来利益,因为投机风险具有两面性,即利益和损失并存。风险利用就是促进投机风险向有利的方向发展。在实际的工程建设项目中,应该充分地认识到投机风险具有可利用性,分析其可利用的价值和可能性,尽可能地使风险成为盈利的来源,以达到良好的经济效果。如果对风险进行利用得不偿失,则没有承担风险的意义,或者效益虽然很大,但风险损失超过自己的承受能力,也不宜承担。风险利用是一种较高层次的风险应对措施,在对它进行利用时,也要求相关主体具有较高的条件。比如,它不仅需要风险管理人员具有非常广泛的知识,而且还需要有灵活的应变能力。在实际的项目中,利用风险不应只有少数人制定策略,还必须要求项目各有关部门、有关人员相互密切配合,这是一项应对风险的综合策略。当决定利用该风险后,风险管理人员应制定相应的具体措施和行动方案。因此,既要研究充分利用、扩大战果的方案,又要考虑退却的部署。在实施期间,不可掉以轻心,应密切监控风险的变化,若出现问题,要及时采取转移或缓解等措施;若出现机遇,要当机立断,扩大战果。

(6) 风险分散

风险分散是通过增加风险单位,以减轻总体风险的压力,达到共同分担风险的目的。对于投资商而言,一般可采用多投资项目的方法,以避免在单一投资项目上的风险。但这种方式有两点值得注意:一是多个项目各自的风险程度要适当,高风险项目和低风险项目要适当搭配着进行投资,以便在高风险工程投资失败时,通过低风险项目能够弥补其部分损失[30]。二是业主方所要投资项目的数量一定要根据自身的实力进行确定。因为项目过多过大,业主方的资源和精力都会分散,这样反而会增大管理难度,并且最终会对业主方的收益造成重大的影响。

(7) 风险分离

风险分离是指将各个风险单位分离间隔,以避免发生连锁反应或互相牵连。风险分离的作用是将风险局限在一定的范围内,从而达到减少损失的目的。在项目的管理中,风险分离是常用的一种方法。如:

1) 业主方为了尽量减少因汇率波动而导致的汇率风险,可在若干个不同的国家进行设备的采购,付款采用多种货币。这样即使某一个国家的汇率发生了大幅度的变动,也不至于给投资商造成过大的损失。

2) 业主方在招标投标时选用多家施工单位,这样可以分离施工单位素质差的风险。

3) 在工程建设项目的施工阶段,业主方可以要求施工单位对材料进行分隔存放,这样可以避免发生火灾时将材料全部损毁的局面。

4.4.4 风险监控的概念、模型及方法

1. 风险监控的概念

风险监控是风险管理过程最后的一个环节,也是重要的一个环节。因为风险是随着内外部环境的变化而变化的,它们在工程建设项目向前发展的过程中可能会增大、衰退或者消失,也可能由于环境的变化产生新的风险。因此,风险监控是指对工程建设项目中风险的发展与变化情况进行全程监督,及时发现那些新出现的以及随着时间推延而发生变化的风险,然后及时反馈,并根据对项目的影响程度,重新进行风险规划、识别、估计、评价和应对,从而保证风险管理能达到预期的目标。在工程建设项目中,无论是否实施事先计划好的风险管理策略和措施,风险监控均不可缺少。在风险管理的过程当中,如果风险管理措施被发现是错误的,风险管理人员一定要及时承认,然后立即重新制定措施进行风险应对。如果风险管理措施得当,但是所带来的效果却不是很好,这时不要过早地改变风险应对的措施。因为对风险应对措施改变太频繁,不仅会使应急用的后备资源减少,而且还会使后阶段风险发生的概率增加,最终产生加重不利后果的影响。因此,风险监控的目的:一是对识别出的风险来说,核对风险管理策略和措施的实际效果是否与预见的相同;二是随着工程建设项目的向前发展,积极地识别出新的风险,然后采取合理的策略和措施进行风险管理。

因此,需要在项目全寿命期内,监视和控制残余风险,识别新的风险的模型和方法,通过执行降低、转移和回避风险的计划,评价和总结方案的有效性,提出规范的风险管理报告,以及如何保持风险管理过程的持续性和有效性[22]。

2. 风险监控方法及模型[22]

项目风险监控方法和模型是对工程项目的风险进行实时监测与控制的一系列方法及手段。对于项目的风险控制,目前还没有形成独立的、创新的技术方法,一般还是以项目管理理论中比较成熟的控制方法和技术,作为项目风险控制和监测的技术与手段。如项目进度控制技术中的关键线路法、横道图法、前锋线法、PERT 和 GERT、挣值分析等方法;项目成本控制技术中的费用偏差分析、横道图法;项目质量控制技术中的控制图法、帕累托图法等。项目风险监测则是在风险控制的基础上,将每一风险因素用风险指标来监视,根据风险的承受能力或风险评价标准作出相应的反应,当风险指标值超过临界值时,则表示风险即将发生,发出风险指示,以便实施风险控制。常用的风险监控技术有以下几种:

(1) 风险里程碑图。该方法也称风险跟踪图,由 Dorofee 教授于 1996 年提出[31]。它通过风险里程碑图来跟踪每一个关键风险,在整个项目执行过程中实施定期或不定期监控,以保证每个风险均在控制之中。

(2) 控制图。它是过程的结果随时间变化的图形表示,在项目质量控制中经常采用,用于确定产品过程是否在控制之中,通过判断产品结果中的偏差是因随机变化而产生的、还是因异常事件引起的,从而确定是否需要对其进行调整。

（3）审核检查法。审核检查法是风险监控的传统方法。审核对象是项目的技术文件、招投标及合同文件、项目基准计划、结算单、项目会议纪要等。审核目的是发现错误、疏漏、不准确、前后矛盾之处。审核一般通过审核会议的形式来进行，发现问题时，要安排专人负责，确定应对方案，并书面记录，构成关键风险时，风险管理人员应该更新风险登记表中的关键风险集合。

（4）费用偏差分析法。该方法也称挣值分析法和S曲线分析法。适用于工程项目的进度、成本风险的监视。它一般通过测算三个关键的数值：计划值（PV）、实际成本（AC）、挣值（EV），来评价项目的进度和投资的完成情况。用于成本（投资）风险控制时，计算成本偏差、成本绩效两个指标；用于进度风险控制时，计算进度偏差、进度绩效指数两个指标。通过费用偏差分析法确定风险是否发生，如在控制范围之内，说明项目进展正常，不需要采取风险控制措施。

（5）项目后评估技术。通过对项目生命期内风险的等级和优先级连续地进行评估和量化来监测和控制风险的技术。

4.5 案例分析

4.5.1 项目概况——京沪高速铁路

京沪高速铁路建设里程长、投资大、标准高，2008年4月18日正式开工，2011年6月30日通车。线路由北京南站至上海虹桥站，全长1318km，纵贯北京、天津、上海三大直辖市和冀鲁皖苏四省，连接京津冀和长江三角洲两大城市群。总投资约2209亿元，设23个车站。基础设施设计速度为380km/h，目前最高运营时速为300km/h，北京到上海的G7最快只需4小时24分。2014年，京沪高铁的日均发送超过了29万人次，高铁客票收入约300亿元，运送旅客超过1亿人次，比上年同期增长27%，实现利润约12亿元。

在实际工程建设中，共消耗了钢铁500万t、水泥4000万t。每天有11.4万人工作在长达1200多千米的施工线路上。在此工程中，需要新建或改建21座高铁车站，浇筑29000多座标高12m的H形混凝土高架桥墩，铺设4万多块5m规格的无砟道板，以及重达32万t的高速铁路钢轨，总长度超过5000km。

项目组织如下：国务院成立京沪高铁建设领导小组（2007.10），国务院副总理任组长，16个国家部委和北京、天津、河北、山东、安徽、江苏（含南京）、上海为成员单位，统筹指导京沪高铁建设工作，协调解决建设中的重大问题，以及铁路沿线征地拆迁等铁道部和高铁公司自身难以解决的问题。领导小组下设办公室（京沪办），负责日常事务，研究提出需要由领导小组决策的建议方案，督促落实领导小组议定事项，加强与有关部门和地区的沟通协调，收集和掌握建设的有关信息。项目法人为京沪高速铁路股份有限公司（2008.1），负责高铁的建设组织和管理工作。铁道部成立京沪高速铁路建设总指挥部，铁道部副部长兼任指挥长，与京沪高速铁路股份有限公司一个机构、两块牌子，以调动全路各部门资源，开展建设管理工作。高铁公司设置综合部、计划财务部、工程管理部、安全质量部和物资设备部，严格实行招标投标制度、工程监理制度和合同管理制度；另设置天津（土建一标）、济南（土建二标和三标）、蚌埠（土建四标）、南京（大胜关大桥和南京枢纽）和苏州（土建五标和六标）5个指挥部，坚持在第一线组织管理建设。

4.5.2 京沪高铁项目全生命周期风险识别

京沪高铁项目的风险识别综合采用了历史文献法、头脑风暴法、德尔菲法和调查表法，其识别过程如图 4-2 所示。

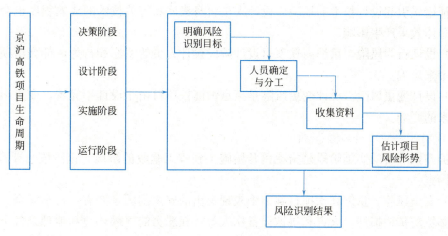

图 4-2 京沪高铁项目风险识别过程图[17,32]

1. 项目决策阶段的风险识别

在京沪高铁项目决策阶段开展风险管理工作特别重要，因为该阶段风险管理的结果将对后续工作产生引导的作用。京沪高铁项目决策阶段主要有以下 5 种风险因素：

（1）政策风险。政策风险是一种影响力极大的风险，投资者是无法控制该风险的。比如政府部门因为全局利益取消了京沪高铁项目，或是颁发新的高铁政策法规等，这些因素都将会导致京沪高铁项目难以开展。

（2）法律风险。没有哪个国家的法律是完善的，虽然有部分法律有比较强的前瞻性，但是很多法律条款却无法满足现实的需要。在京沪高铁项目决策阶段会涉及一般性的以及高速铁路行业的特殊规定等一系列的法律、法规问题。

（3）环境保护风险。随着社会的发展，人们对周边的环境越来越关注，京沪高铁项目环境保护工作包括环境污染的控制、土地资源的利用、工程绿化的完善、节能、节水等。

（4）经济风险。京沪高铁项目决策阶段是以经济分析和方案为主，工程量不明确，所以该阶段的投资估算准确性较差。

（5）技术方案选择风险。京沪高铁项目在进行技术方案选择时包括以下的风险：相关技术是否配套、技术工艺是否成熟、技术创新所需要的相应设施和设备是否完善、经济是否合理。一般情况下，在项目的决策阶段项目参与方会优先选择较为成熟的技术方案，但是这样的技术方案在经济上往往不够先进，这对于京沪高铁项目建成投产后的发展影响很大。

2. 项目设计阶段的风险识别

京沪高铁项目设计阶段工作的好坏，直接影响着整个项目的实现，该阶段主要有以下 5 种风险因素：

（1）信息风险。京沪高铁项目单位所提供的基础材料不准确、不全面、不及时和不规范等因素都很可能造成项目的设计不充分、进度拖延和设计错误。

（2）招标风险。引起京沪高铁项目设计阶段招标风险的原因包括设计单位、设备采购以及施工单位招标文件的编制不规范、不准确。对标书所要求的核心内容进行技术和经济分析，才能降低项目招标风险，使项目符合设计需要。

（3）设计技术风险。京沪高铁项目设计阶段的前期由于信息风险导致计算模型和安全系数选择错误引起设计技术的风险。设计人员自身素质和有关技术的成熟程度也会对设计方案的总体效果产生影响。

（4）设计行为风险。京沪高铁项目设计阶段设计人员的意愿和行为，都会给项目的设计效果带来影响。

（5）设计变更风险。设计变更风险是指京沪高铁项目由于设计不完善，变更很多，给项目带来的影响。

3. 项目实施阶段的风险识别

京沪高铁项目的实施阶段是指项目开始施工到竣工验收的阶段，该阶段主要有以下 7 种风险因素：

（1）安全风险。京沪高铁项目施工中表现突出的安全问题主要有：行车安全、电流的泄漏、基坑防护栏损坏、火灾和机械设备伤人等。在恶劣的气候环境和地理条件下，项目的安全隐患将会增加，一旦发生事故将会造成难以弥补的损失，而且直接影响到社会的稳定。

（2）质量风险。质量风险是指京沪高铁项目实施阶段出现的质量问题或安全事故可能造成的损失，它是由施工管理不到位、项目设计不合理及项目环境恶劣等多方面原因引起的。

（3）成本风险。京沪高铁在施工过程中会面临着设备及材料价格、工资标准以及费率、利率和汇率的变化等，这些因素都构成了京沪高铁在实施阶段的成本风险。

（4）技术风险。京沪高铁项目实施阶段的技术风险是指由于项目地质条件复杂多样、工程环境和特点不同以及施工水平差异等原因，导致实际结果与预期结果存在偏差而产生的风险。

（5）人力风险。京沪高铁项目劳务用工一般来源于农民工队伍，他们流动性大，缺少专业的技术，给项目的实施和质量保证带来了许多问题。

（6）组织风险。京沪高铁项目实施阶段的组织风险包括施工单位组织设计不够详细、供应商供货不及时造成材料短缺等。

（7）合同风险。合同风险防范是我国铁路项目管理过程中相对薄弱的环节，京沪高铁项目承包合同管理工作比较烦琐，要求高，所属的合同文件多，在合同管理中存在大量的风险。

4. 项目运行阶段的风险识别

京沪高铁项目运行阶段主要风险，包括以下 6 种风险因素：

（1）运行技术风险。京沪高铁项目运行阶段的技术风险包括路基沉降、轨道平整性、机车制动性能、信号控制与通信系统稳定性和可靠性等。

（2）市场需求风险。高速铁路是交通运输的一种工具，京沪高铁的乘客数量也就成了项目建设的重要依据。

（3）管理风险。有关京沪高铁项目的法律法规、标准规范、管理制度还不完善，人员素质还需提高。

（4）沿线环境风险。京沪高铁项目运行阶段除存在自身的安全风险外，还存在沿线治安、气象、地质灾害、铁路公路互跨等一系列的风险。

(5) 社会风险。一列运行的京沪高铁列车等同于一架在铁轨上飞驰的巨型民航客机,很有可能成为各种不法分子破坏的对象。

(6) 安全监控风险。京沪高铁附近的安全监控水平还不够成熟,沿线居民对高铁的认识还不清楚。

4.5.3 京沪高铁项目全生命周期风险评估和应对

京沪高铁项目风险评估是一个科学的、定量的系统评估过程。风险评估是在风险识别的基础上,对识别的风险因素通过一定的量测手段,给出风险大小的描述,为风险应对提供有价值的指导信息。京沪高铁项目的风险应对就是对关键风险因素进行效益成本分析,即采取最经济的措施来消除或者降低风险发生的概率。京沪高铁项目风险评估的步骤包括:①收集项目风险识别的结果,以此为依据建立合适的风险评估指标体系;②利用模糊层次分析方法将各指标量化;③建立风险分析模型,对数据进行处理分析,针对具体情况对模型进行修正;④根据一定评判标准,判断风险大小。京沪高铁项目风险评估指标体系,如表 4-3 所示。

京沪高铁项目风险评估指标体系[32]　　　　　　　　表 4-3

目标	一级	二级
京沪高铁项目风险管理	决策阶段风险	政策风险
		法律风险
		环境保护风险
		经济风险
		技术方案选择风险
	设计阶段风险	信息风险
		设计技术风险
		招标风险
		设计变更风险
		设计行为风险
	实施阶段风险	安全风险
		质量风险
		成本风险
		技术风险
		人力风险
		组织风险
		合同风险
	运行阶段风险	运行技术风险
		市场需求风险
		管理风险
		沿线环境风险
		社会风险
		安全监控风险

首先对各指标属性值进行模糊处理，将各定性的指标量化到 [0，1] 的范围内。在对京沪高铁项目风险评估时，将得到一个具体数值，取值范围 [0，1]。当这个数值在 [0.8，1] 时表明京沪高铁项目风险很高；在 [0.6，0.8) 时为风险较高；在 [0.4，0.6) 时为风险一般；在 [0.2，0.4) 时为风险较低；在 [0，0.2) 时为没有风险。通过问卷调查和对问卷数据模糊处理得到十组京沪高铁项目风险评估数据。基于 BP 神经网络方法，建立京沪高铁项目风险评估模型，对数据进行处理，得到京沪高铁项目关键风险因素，如表 4-4 所示。

京沪高铁项目关键风险因素表[32]　　　　　　　表 4-4

京沪高铁项目	决策阶段	政策风险
		环境保护风险
	设计阶段	信息风险
		设计技术风险
		招标风险
	实施阶段	人力风险
		实施技术风险
		安全风险
	运行阶段	运行技术风险
		市场需求风险

1. 项目决策阶段的风险应对

（1）可行性研究深度和精度不足。为了应对该风险，京沪高铁项目决策阶段的投资控制主体国家发改委、建设部、铁道部等部门要求审批部门必须制定和执行更加科学合理的项目建议书和可行性研究报告的审批标准，在审批标准中对可行性研究的时间跨度、人员和机构资质、项目标准、项目实施后的变更范围和变更金额限制、项目决算超过投资估算的比例等方面作出详细且明确的规定。

（2）行政干扰。为了尽可能减少和避免行政干扰的出现，一方面需要在京沪高铁项目决策阶段建立并执行透明的项目审批机制、利益相关者回避制度、监督和追责制度；另一方面需要逐步放开行业准入，引导非国有资本和非铁路系统关联企业进入京沪高铁建设行业，打破固有的铁路行业"内部人"错综复杂的利益关系网，创造更加公平透明的行业竞争环境，塑造更符合社会整体利益的行业格局。

2. 项目设计阶段的风险应对

（1）应对勘察设计深度和精度不足。为了提高设计阶段勘察设计的质量，首先需要杜绝仓促上马的项目，保证决策阶段的科学性和严谨性，给设计阶段工作的顺利开展创造条件；其次需要在设计阶段提高设计人员的专业素养、加强业主单位和设计单位之间的沟通协调，完善设计图纸的质量保证机制，及时发现并纠正设计中存在的问题，杜绝由于可避免的设计错误而导致后期投资浪费现象的发生。

（2）设计单位缺乏投资控制的动力与压力。为了减少设计单位在中标后出现的道德风险问题，增强其投资控制的动力和压力，业主单位需要在设计招标中就对未来设计单位的投资控制措施加以考量，在设计合同中明确与投资控制相关的条款，对设计单位应用价值工程等手段进行优化设计取得的投资控制成果进行考核,并且根据设计单位取得的投资控制成效,从投资节约金额中提取适当比例资金对其进行富有成效的奖励。

(3) 招标中出现串标行为。为了应对该投资控制风险,需要逐步开放铁路建设市场,引入充分的市场竞争,建立公开透明的招投标环境,出台明确的行业信用评价标准,定期及时发布信用评价现状,制定严格的招标投标和合同管理制度,在高铁建设项目的实际招标投标工作中依法合规严格执行。

3. 项目实施阶段的风险应对

(1) 征地拆迁补偿费上涨、征地拆迁不能按时完成。为了使征地拆迁工作能在限额内按时完成,需要业主和地方政府在项目前期就做好严谨的征地拆迁规划,抓住征地拆迁的有利时机,成立专门的组织协调机构,明确补偿标准,妥善解决与沿线利益相关者之间的关系。

(2) 材料风险因素的控制。对该风险的应对措施:全过程动态地监管甲控材料供应商和甲控材料运输过程;在原有的对设备材料的日常不定期考核基础之上,完善供应商的绩效考核制度;将考核结果作为奖惩的依据,对多次出现违规现象的供应商和司机进行惩罚。

(3) 劳务人员风险的控制。对项目的劳务人员实施有效的管理:提高从事京沪高铁项目建设的农民工队伍的自身素质,建设单位采取有力的措施对农民工队伍进行管理;施工单位对劳务作业人员整体素质把关不严,也会影响京沪高铁项目的顺利实施,因此应该对从事项目的劳务人员建立实名制档案,熟悉掌握劳务人员的情况,为开展项目的各种管理工作提供条件;劳务人员的工作量大,生活环境差,若是他们对工作不满,就很可能阻碍项目的实施,因此在项目实施过程中应该进行人性化的管理,使劳务人员吃得香、住得舒服,从而提高其干活的动力;劳务人员的安全意识不强,在实际操作时容易造成失误,影响工程的质量,因此应该加强对劳务人员的培训教育,正确引导思想意识,强化培训技能。

4. 项目运行阶段的风险应对

针对京沪高铁项目运行阶段的风险提出以下几种应对措施:

(1) 合理确定京沪高铁最佳运行速度。综合考虑京沪高铁项目的安全性和经济性,高铁并不是运行速度越快越好,法国、德国、日本高铁的运行速度都控制在时速 300km 左右。

(2) 提高京沪高铁运行的安全系数,加强对京沪高铁项目运行时的安全问题和突发事件应急管理的研究,构建京沪高铁项目运行阶段的安全风险防控体系。

(3) 制定周密的应对京沪高铁运行时安全突发事件的预案,防患于未然,确保京沪高铁运行时一旦出现重大安全事故,有关部门能够及时进行科学施救。

4.5.4 京沪高铁项目全生命周期风险监控

京沪高铁项目风险监控的步骤是:①监控已识别的风险;②监视残余风险;③识别新出现的风险;④修改风险管理的计划;⑤实施新的风险计划;⑥评估风险减轻的效果。

在京沪高铁项目全生命周期风险监控中主要使用的是风险图法。京沪高铁项目风险监控的过程就是对项目实施系统的风险追踪的过程,监控结果是确定风险处理方法的基础,甚至可以用来识别新的风险。京沪高铁项目建设规模庞大,为了保证项目顺利实施,应该及时发现和消除各种可能出现的风险隐患。对京沪高铁项目实施风险监控能够及时准确地反映出项目潜在的风险，项目的风险管理者可以及时制定出解决问题的措施，确保项目的顺利实施和高效运营。

4.6 本章小结

从工程项目的论证、规划、勘察设计、施工到运行维护等各个阶段都存在大量的不确定性因素，风险始终客观存在于项目全生命周期各阶段。通过对建设工程项目全生命周期各阶段的风险因素进行识别、评估，对发生频率高或造成损失大的风险因素进行有效的预防，对整个生命周期内的风险进行分析、处理和控制，能有效减少工程项目风险的发生，从而更好地实现工程项目的预定目标。

本章介绍了工程项目全生命周期风险管理的概念，以及建设工程项目全生命周期各阶段风险管理的内容，特别针对建设工程项目在全生命周期各阶段可能遇到的风险讨论了目前主要的分析方法，以及应对主要风险的措施和手段。最后通过案例分析讲解如何进行工程项目全生命周期的风险管理。

思考与练习题

1. 简述全生命周期风险管理的概念。
2. 简述建设工程项目全生命周期风险管理的重要性。
3. 简述建设工程项目全生命周期各阶段风险管理的内容。
4. 简述风险识别的概念和主要分析方法。
5. 简述风险评估的概念、步骤及方法。
6. 简述风险应对的概念、原则及方法。
7. 简述风险监控的概念和模型方法。

本章参考文献

[1] 富兰克·H·奈特. 风险、不确定性和利润 [M]. 王宇，王文玉，译. 北京：中国人民大学出版社，2005.

[2] 王维才，戴淑芬，肖玉新. 投资项目可行性分析与项目管理 [M]. 北京：冶金工业出版社，2000.

[3] 李丽. 工程项目全面风险管理的理论与方法研究 [D]. 北京：北京工业大学，2002.

[4] 卿姚，王月明. 我国工程项目风险管理研究综述 [J]. 四川建筑科学研究，2007 (02)：193-196.

[5] 李莹. 基于全生命周期的水电勘察设计项目风险管理研究 [D]. 北京：华北电力大学（北京），2010.

[6] ALI R. The application of risk management in infrastructure construction projects [J]. Cost engineering，2005，47 (8)：20-27.

[7] 徐进. 工程项目风险分析与管理研究 [D]. 西安：西安建筑科技大学，2007.

[8] 边兆生. 建设项目全寿命风险管理研究——以某游泳馆项目为例 [D]. 长沙：湖南大学，2015.

[9] REN H. Risk lifecycle and risk relationships on construction projects [J]. International journal of project management，1994，12 (2)：68-74.

[10] TUMMALA V, NKASU M, CHUAH K. A framework for project risk management [J]. ME research bulletin，1994，(2)：145-171.

[11] TUMMALA V, NKASU M, CHUAH K. A systematic approach to risk management [J]. Journal of mathematical modeling and scientific computing, 1994 (4): 174-184.

[12] JAAFARI A. Management of risks, uncertainties and opportunities on projects: time for a fundamental shift [J]. International journal of project management, 2001, 19 (2): 89-101.

[13] 张亚莉, 杨乃定, 杨朝君. 项目的全寿命周期风险管理的研究 [J]. 科学管理研究, 2004 (2): 27-30.

[14] 李成. 国际总承包工程项目的合同风险管理研究 [D]. 上海: 上海交通大学, 2011.

[15] TEO E A-L, YINGBIN F. The moderated effect of safety investment on safety performance for building projects [M]. International journal of construction management, 2010, 10 (3): 45-61.

[16] 董慧. 全寿命周期视角的物流园区工程项目风险管理研究 [D]. 北京: 华北电力大学 (北京), 2017.

[17] 陈榕. 京沪高铁项目全生命周期风险管理 [D]. 邯郸: 河北工程大学, 2013.

[18] 李永彤. 建设工程全寿命项目风险管理 [J]. 建设监理, 2008 (12): 58-60.

[19] 刘强, 陈丽萍. 基于项目全生命周期的风险管理过程研究 [J]. 工程管理学报, 2017, 31 (6): 124-129.

[20] 李俊亭. 全生命周期项目风险管理研究 [J]. 西安石油大学学报 (社会科学版), 2007 (4): 51-55.

[21] WARD S, CHAPMAN C. Transforming project risk management into project uncertainty management [J]. International journal of project management, 2003, 21 (2): 97-105.

[22] 金德民. 工程项目全寿命期风险管理系统理论及集成研究 [D]. 天津: 天津大学, 2004.

[23] 王宏伟, 余建星. 海洋工程全面风险管理方法体系研究 [J]. 海洋技术, 2006 (1): 89-93.

[24] 高云莉. 工程项目集成风险管理理论与方法研究 [D]. 大连: 大连理工大学, 2008.

[25] JATO E D, CASTILLO L E, RODRIGUEZ H J, et al. A review of application of multi-criteria decision making methods in construction [J]. Autom constr, 2014, 45: 151-162.

[26] HARTMANN T, VAN M H, VOSSEBELD N, et al. Aligning building information model tools and construction management methods [J]. Autom constr, 2012, 22: 605-613.

[27] 董京. 施工阶段投资风险分析及投资控制研究 [D]. 成都: 西南交通大学, 2004.

[28] 刘海峰. 大型工程项目风险评价及管理研究 [D]. 天津: 天津大学, 2003.

[29] 尹昌洲. 工程项目风险管理研究 [D]. 青岛: 中国海洋大学, 2008.

[30] KLEIN J. Managing risks and decisions in major projects [J]. International journal of project management, 1995, 13 (4): 271-272.

[31] Alberts C J, Dorofee A J, Higuera R, et al. Continuous risk management guidebook [M]. Pittsburgh: Software Engineering Institute, 1996.

[32] 陈诚. 京沪高铁与沪宁城际并行段项目施工管理研究 [D]. 长沙: 中南大学, 2010.

第 5 章 建设工程项目全生命周期集成化管理

本章要点及学习目标

面对建设工程项目日益大型化和复杂化的现实，需要改变传统的管理思路，探索基于全生命周期，并运用系统化、集成化的管理思想，对建设工程项目的质量、进度、造价、安全、环保等方面进行全方位的集成化管理。

本章围绕建设工程项目全生命周期集成化管理展开，主要内容包括：全生命周期集成化管理的概念及内涵，国内外研究现状和目前存在的问题，建设工程项目全生命周期集成化管理的内容，以及建设工程项目全生命周期集成化管理系统。最后，本章引入两个典型案例对建设工程项目全生命周期集成化管理进行了详细说明。

5.1 建设工程项目全生命周期集成化管理的概念及内涵

5.1.1 建设工程项目全生命周期集成化管理的概念

全生命周期集成化管理（Life Cycle Integrated Management，LCIM）是一种新型的管理模式。"集成"本身是聚集、综合之意，是各种要素的汇集，是构造系统的一种理念，同时又是解决复杂的系统问题、提升系统整体功能的一种方法[1]。项目集成化管理是指项目参与方、项目各阶段、项目各职能之间的集成一体化，使其产生 1+1>2 的效果。总的来说，集成管理可以归纳为是在集成理念指导下，由项目各阶段、各参与方和各项职能管理集成所组成的三维集成系统空间结构。项目集成化管理见图 5-1。

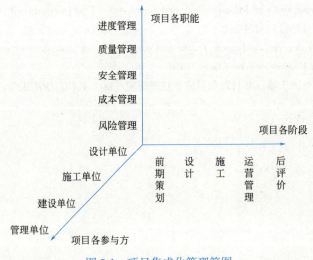

图 5-1 项目集成化管理简图

为了克服传统管理模式的不足,许多学者提出了工程项目全生命期集成化管理理论(LCIM),以系统的观点集成了传统上各自独立的决策阶段管理(DM)、实施阶段管理(OPM)、运营维护阶段管理(FM),从项目全生命的角度进行整体系统分析、优化和协调,从而实现工程项目全生命期的总目标[1]。

从全生命周期集成管理的概念上来看,国内学者提出了如下观点:

(1) 建设项目全生命期集成管理是指从项目的前期决策阶段到项目使用完成的全过程的管理,在这个过程中统一策划、统一协调和统一控制,使得项目在规定的建设周期要求内,按计划的投资要求顺利完成建设的任务,达到项目的质量要求,使得项目功能符合要求并且经济合理,从而满足业主的要求,并在项目的使用阶段做好项目的物业管理,以使得该项目的价值实现最大化。

(2) 工程项目全生命期集成管理的指导理念是以项目的全局为出发点,将项目能够最终实现建筑价值最大化作为目标,并对项目建设过程中的时间、成本、质量、范围、采购等要素进行协调和整合,根据这个指导理念计划安排项目的行动方案,并付诸实施,保证行动方案中的工作能够有效地协调配合起来,最终项目产生的价值可以超过项目的相关利益者的期望和要求[2]。

(3) 工程项目集成管理是三维的集成化管理模式,包括全生命期集成、管理要素集成和外部集成。全生命期集成具体就是实现各个建设阶段之间的集成,具体的方法是让信息在各个建设阶段中充分地传递,使得各个参与方能够有效地实现信息的共享[3]。

总的来说,建设项目全生命周期集成化管理是以建设项目全生命期为对象,将传统管理模式中相对独立的策划决策阶段开发管理(DM)、项目建设实施阶段项目管理(OPM)、项目运营维护阶段物业管理(FM)运用管理集成思想,将各管理目标、各管理手段、技术信息有机结合起来,实现组织、信息、目标、任务等一体化[4]。

5.1.2 建设工程项目全生命周期集成化管理的内涵

全生命周期集成化管理的内涵可以分为以下四个维度:

1. 管理要素(目标)集成

建设工程项目在全生命周期中需要实现很多目标,如质量、成本、工期、安全等多个方面的管理目标,目标与目标之间也形成了许多关联,就像结成的一张严密的蜘蛛网一般。若一个目标出现了问题,必然会影响其他目标的实现,以致对整个项目的完成造成不利的影响。与此同时,每个阶段的重点目标和主要矛盾也不尽相同,因而为了更好地协调整个项目各目标之间的实现路径,必须从全生命周期的角度出发,对各个阶段、各个方面的目标进行整合考虑,以实现项目利益的最大化。因此,全生命周期的目标集成就是在充分考虑工程项目各个要素的基础上,对所有目标进行统一整合分析考虑,以集成思想为基础,最终实现项目的整体目标。

2. 项目参与方集成

建设工程项目在建设过程中通常会有许多的参与方,包括业主方、设计方、施工方、咨询方、运营方甚至商业建筑中的顾客方等都是项目的利益涉及者,利益相关者众多且关系复杂,由于建设工程项目的建设往往需要较长的时间,利益相关者之间也存在着时间上的跨度。随着项目的不断进行,各个项目参与方之间的属性也会发生变化，从而对项目的影响呈现动态的变化。在建设项目中，每个阶段都会涉及不同的利益相关者，同时他们对于项目的管理方式和出发点都不尽相同，他们会从自己的利益和目标出发，具有一定的独立性。这样的独立性会使他们之间存在涉及利益方面的纠纷与矛盾，缺乏与其他项目参与方的沟通交流合作，如此则必然会导致项目的总体目标被忽略，项目的整体成效降低，甚至还会影响项目的工作效率和项目的正常实施。因此，在利益相关者维度，实施集成化管理也是十分必要的。利益相关者集成就是项目各参与方在综合考虑自身利益的情况下，互相沟通配合，共同努力实现项目的总体目标。

3. 过程集成

过程集成管理最早开始于制造业，对于建设工程项目来说，全生命周期是由决策阶段、设计阶段、施工阶段和运营维护阶段组成的，而在实际的运行过程中，项目的建设的确也存在着明显的阶段性，加上建设工程项目本身相对复杂的生产过程和分工需要，使得现实情况中项目的建设存在着很大的分离，这会直接导致在组织和时间上项目参与方的分散和隔离。项目各阶段的分割与隔离则会导致项目的运行无法从全生命周期的角度出发，无法对项目进行整体性管理，分阶段引起的沟通不顺与矛盾，则会导致管理上的不连续，使组织、材料、工序、设计等各个方面脱节，无法实现统一的管理目标。分阶段的管理也会导致过分细节的专业化分工，使人们的重心更多地集中在提高效率和效益上，忽略了项目的整体使命，更会使个别项目参与方产生自私自利的想法让自己的利益高于项目的利益，难以实现项目的统一目标。因此，必须对建设工程项目进行全生命周期过程集成管理，过程的集成主要致力于决策阶段、实施阶段和运营维护阶段的平衡问题，从项目实施和运营的角度，进行全方位的分析，形成全生命周期的目标。

4. 信息集成

建设工程项目各参与方信息沟通不畅是导致项目工期拖延、成本增加的关键因素。据统计，我国建设工程项目10%～33%的成本增加都是由于项目实施过程中信息不能有效沟通造成的。旧式的信息交流手段、沟通方法已经不能满足当前许多建设工程项目管理的需要。现阶段，以高新信息技术为手段提高大型建设工程项目全过程信息传递效率、减少信息资源的流失、实现信息资源全局共享是项目管理工作的一个长久趋势。信息是连接建设工程项目各参与方、各阶段的核心因素，只有信息的共享与交互才能够促进项目参与方之间的精诚合作、促进他们之间的有效沟通，信息的传递与更新也是促进建设工程项目各阶段顺利转换、衔接的核心因素。除此之外，当下以BIM为代表的信息集成系统除了在各方的信息使用和交流中能够起到重要的作用，还能够促进建筑工程的设计与施工，通过信息化的手段提升工程的技术价值与建设成效。因此，建设工程项目全生命周期信息集成管理是整个集成化管理的关键点所在。建设工程项目信息是指在项目建设过程中，存在于项目各个阶段，与工程项目有直接、间接关系，为项目各参与单位或个人工作提供各类服务的数据、文件、技术、知识等。

综合对以上概念的阐述，可以将其表示为如图5-2所示的框图。

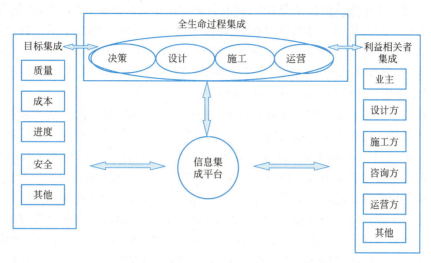

图 5-2　全生命周期集成管理体系示意图[5]

5.2　建设工程项目全生命周期集成化管理现状

5.2.1　建设工程项目全生命周期集成化管理的研究现状

斯坦福大学工程管理专家 TATUM C B 第一次将集成管理与组织集成结合在一起考虑，拉开了组织集成管理研究的序幕[6]；SORENSON O[7] 通过研究组织学习能力和长期集成效应的相关关系及其适应性，得出组织结构特征以及纵向集成对组织学习的影响程度；CABEZA L F[8] 通过文献研究总结出，可以通过信息效率和协同能力的提升来改变管理组织特点。RASDORF W J[9] 通过对工程项目三大目标集成问题的研究，指出可以把成本与工程的控制有效集成，同时他还构建了用来整理、搜集此两类数据信息的技巧模型。BABU A J G[10] 构建了质量、成本和时间的目标要素优化协同模型，同时将其应用在真实工程案例中并作出详细分析。

PEñA-MORA F[11] 发现工程采购模式的选择会作用于项目协作谈判方法，于是其量化分析了采购模式对项目协同情况的作用效果，得出 D-B 模式是各主体间存在矛盾、分歧最少的模式。HEIDARI M[12] 提出了 BIM 中心的数字化平台，实现智能设计以及与业主方的互动，改变大多 BIM 模型多以设计方或其内部人员为主；DAY，MARIE 从商业咨询的角度提出缩减制造企业规模、符合精益生产的组织集成概念和必要性。何清华等提出了建设项目全生命周期集成化管理（LCIM）的概念及以运营导向建设的全生命周期业主方（运营方）管理组织设计的概念，对全生命周期集成化管理信息系统（LMIS）的信息模型、系统集成的层次和方法进行了探讨[13]。成虎研究了建设项目总的系统模型，以建设项目生命周期为对象，进一步探讨了建设项目全生命周期集成化管理的目标和总体思路[14]。陈勇强教授通过分析现代信息技术对大型建设工程项目管理的重大影响，提出了以现代信息技术为基础的全过程、全员参与的大型建设工程项目集成管理模型[15]。聂娜等运用系统论通过对项目的组织系统属性、系统要素及系统框架的分析，提出了工程项目组织系统需要具备的功能及实现路径[16]。陈永鸿、高珺教授从工程项目中"软管理"的角度入手,通过分析建筑信息模型BIM和软管理的亲和关系以及BIM对各参建方的影响,得出组织文化、组织契约、组织结构和BIM技术与项目各要素相互作用,共同支持大型工程项目的组织集成[17]。李永奎等[18]研究了大型复杂项目组织网络的基本模型和建模方法;杨婧等[19]提出了大型工程项目系统的组织—任务相互作用网络模型。

5.2.2 全生命周期集成化管理的必要性

在工程技术日趋复杂、投资规模日趋庞大的形势下,集成化管理已成为现代工程建设管理的必然趋势,同时也是建设工程项目取得成功的必要条件,原因在于:建设工程项目管理有三大传统目标,即质量、进度、造价。除这三大目标之外,建设工程的建设与运营,还承担着对员工、使用者、供应商、金融机构以及工程所在区域的社会责任和历史责任,以保证工程建设、使用安全及可持续发展的能力。对社会责任和历史责任的承担,分别体现了建设工程项目管理的安全和环保两个目标。因此,建设工程项目管理的目标为质量、进度、造价、安全、环保五个目标的统一体。其中,质量、进度、造价为基本目标,安全、环保为第二层次的目标,需要在保证基本目标的前提下,兼顾安全、环保目标。质量、进度、造价、安全、环保五个目标彼此之间相互影响,相互制约,存在着对立统一的关系,如图5-3所示。对这五个目标的管理也不能割裂进行,必须基于建设工程项目的全生命周期实施全要素集成管理。

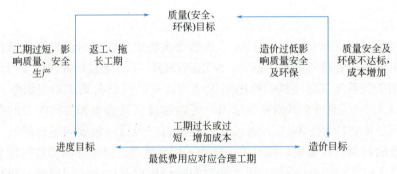

图 5-3 建设工程项目目标之间的内在逻辑关系

同时,目前的建设工程项目管理实践存在以下急需解决的问题:

(1) 建设工程各个阶段的管理工作相对独立,且常由不同单位完成,片面追求单个阶段的目标最优,而忽视全生命期最优目标的实现。

(2) 对建设工程质量、进度、造价、安全、环保目标的管理割裂开来,经常顾此失彼,片面追求单个目标的最优,难于确保各项目标的顺利实现。

(3) 建设工程参建各方间存在交流障碍,工程各阶段的信息不能得到及时传递和有效沟通,导致建设工程项目管理的混乱和无序状态,影响了项目的实施效率[20]。

随着建设工程的日益大型化和复杂化,以上弊端在建设工程项目管理实践中越来越明显,因而有必要改变传统的管理思路,基于建设工程项目的全生命期,立足于全方位管理主体,运用系统化、集成化管理思想,对建设工程的质量、进度、造价、安全、环保目标进行全要素集成管理[21]。

5.2.3 全生命周期集成化管理的现状

首先,集成化管理在建设工程全生命周期中的任务是十分艰巨的,因为在处理工程事务的同时必须结合其他相关事项，相当于一个管理主体下又有很多的管理分支。其次，集成化管理需要有信息管理的配合，才能将庞大的信息及时分析、整合。如果遇到信息量大的工程，信息管理就变得十分繁杂。另外，集成化管理效率很大程度上依赖信息化管理效率，但信息管理本身就是一个耗时、费力的资源整合过程。当一个项目的全生命周期结束后，这个项目的信息管理就结束了，而这个项目中所积攒下的信息也只能停留在这一个项目中，不能被其他的项目借鉴、利用，如果遇到一个类似项目的集成化管理又必须从头做起，这对信息资源是一种浪费。

再次，集成化管理虽然运用于项目的全生命周期，但目前还是集中于项目的实施阶段。运营维护阶段、拆除阶段还没有纳入重点管理对象。而项目的使用阶段正是对一个工程从决策阶段到实施阶段的反馈，从反馈中得到的信息对类似项目也具有一种参考价值。例如对项目的功能反馈、对建筑使用感受反馈、对项目的经济效益反馈等，这些是建设工程项目的全生命周期中很重要的组成部分，但在集成化管理中都没有体现出来[22]。

5.3 建设工程项目全生命周期集成化管理的内容

5.3.1 全生命周期的目标集成化管理

1. 全生命周期的目标管理体系构建

建筑工程项目要开展目标集成管理，需要明确该项目的目标管理体系，因为每个项目的特点不同，所要实现的目标构成内容不同，目标之间的逻辑关系也不同。如对城市轨道交通工程来说，建设项目的价值是通过建成后的运营实现的，其主要的思想便是在项目的策划和建设过程中充分考虑运营的情况，使项目面向运营最终工程，创造最大的经济效益、社会效益和资源环境效益[23]；而大型会场则需要从项目决策阶段开始，就综合考虑一次性建造费用与运营及维护费用，取得二者之间的最佳平衡[24]。所以，在开展全生命周期管理时，首先要将目标具体化、清晰化。综合一般的建筑工程项目的特点，常见的项目目标会由质量、工期、成本、安全、全员满意等几个部分组成，但同时结合项目对社会的影响，还可能会有可持续发展的目标和社会效益目标。简单来说，可以将其表示为如图5-4的关系。

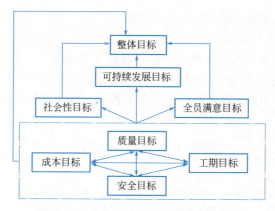

图5-4 全生命周期目标体系示意图[23]

2. 全生命周期的目标集成化管理路径

（1）目标集成路径

建设工程项目作为一个复杂的集合体，将此集合体看作一个整体，由众多个体组合而成，个体分部在下层，总体位于上层，可以将目标实现理解为：总体到个体分类，再由个体到总体的汇总。在这里我们通过对目标体系的分析，结合建设工程项目的特点，将全生命周期目标细化为若干个阶段目标，对各个阶段目标监督、管理，同时伴随着对不合理目标的改善，通过这一系列管理改善，各个子目标就很容易完成，因而项目的总体目标也得以保证。同时，工程项目的建设也通常具有合理的组织和严格的规章制度，伴随着项目的不断进行，组织会不同程度地发生变化，变得更加完善，同时规章制度也会变得愈加严密。这些要素作为目标集成的基础，也是项目总体目标成功完成的保障。完善的组织和严密的规章必须由信息的调节作用才能使其产生最大效果，因此就必须依赖于信息平台发挥作用[6]。

（2）计划管理路径

计划制定是工程运行的根本和前提，它引导工程的走向，提前为工程的运行做好准备。计划制定也对项目各要素有调节作用，保持项目各要素之间的和谐性。大型建设工程项目计划体系必须经过探讨、分析才能最后敲定，其在项目全生命周期中有着纽带桥梁连接效果。针对建筑工程项目的多个目标，其实现过程分布在项目运行的各个阶段，因而形成完善、可调整的计划对于目标的实现是基础的保障。当然，计划的制定也需要满足以下几个条件：①与项目的实际相结合，计划应针对项目进行制定，不应该脱离项目实际，否则实行的意义不大，还有可能会对项目的效果造成不好的影响；②计划必须以目标为核心；③计划必须具有全面性，能够覆盖到项目的每个方面，在制定的时候可以先定下大的计划和目标然后再进一步具体和细化；④计划也应该是弹性的、可调整的，当"计划赶不上变化"的情况发生时，能够及时根据实际情况调整计划，将对项目的不利影响减少到最小[6]。

（3）合同管理路径[6]

建筑工程的项目参与方很多，不管在决策、设计、施工还是运营维护阶段，项目参与方之间的关系通常通过合同来进行保障和维持，其中对于工程的质量、工期、成本、满意度等目标的实现也都会体现在合同中，因而合同管理也是目标集成管理的重要组成部分。进行良好的合同管理，不仅能够顺利实现事先制定的约定目标，尽可能靠近项目的最大利益，而且能够保证项目参与各方的利益。

5.3.2 全生命周期项目参与方的集成化管理

1. 全生命周期的项目参与方体系

《项目管理知识体系 PMBOK 指南》将利益相关者定义为：参与项目，或者他们的利益会因项目的运行而受到影响的个人、组织，同时他们也会对项目的目标、结果造成影响[25]。在建筑工程项目中，项目参与方也会根据阶段的不同而发生变化，具体的情况如表 5-1 所示。

建筑工程项目全生命周期各阶段项目参与方[25]   表 5-1

阶段	决策阶段	设计阶段	施工阶段	运营维护阶段
项目参与方	业主、运营单位、政府有关部门	业主、设计单位	施工单位、监理方、材料供应商、业主、设计单位	建设单位、运营单位、使用人群

2. 全生命周期项目参与方的集成化管理路径

针对各个项目参与方的集成管理,主要是通过对项目资源的优化配置,提高工程项目运作效率和保证各项目参与方利益分配的公正和合理。其中,项目资源的优化配置主要针对项目中利益相关者资源的合理安排和使用;项目运作效率是由多方面因素决定的,各项目参与方之间的协调与合作起着至关重要的作用。对利益相关者利益的公正合理分配决定了他们向项目投入精力和创造价值的意愿。因此,对于利益相关者从资源配置、价值创造和利益分配三个方面进行集成,才能实现项目的整体目标。

(1) 资源配置

对于建设工程项目来说,项目利益相关者拥有项目运行的绝大部分资源,并且控制着项目发展的某些特定资源,只有将这些资源组合才能完成项目任务,实现项目目标。

(2) 价值创造

通过集成化的管理,通过信息的沟通交流,组织协调各方活动,促进各项目参与方合作,提高项目运作效率,以此实现多个参与方对项目贡献的价值。

(3) 利益分配

利益分配的核心点在于对合同的落实,在项目开始前各个项目参与方都会进行合同的签订,这就确保了各方对于利益分配方案的认同,同时也保障了各方在利益遭受损害时能够运用法律手段进行索赔[6]。

5.3.3 全生命周期的过程集成化管理

1. 全生命周期各阶段的主要工作内容

一般的建设工程项目都具有决策阶段、设计阶段、施工阶段和运营维护阶段,每个阶段的主要任务和内容有很大的区别,但也和其之前之后的阶段有着密不可分的联系,因而在建立过程集成管理模型之前,必须明确工程过程的具体内容(表5-2)。

建设工程项目全生命周期各阶段内容[6]　　　　表5-2

阶段	内容
决策阶段	确定目标、可研立项、总体规划、概念设计
设计阶段	概念设计、初步设计、详细设计、招投标
施工阶段	招投标、施工实施、竣工验收、试运转
运营维护阶段	试运转、运营实施、运营后评价、维修、拆除报废

从表5-2中各阶段的具体内容可以看出项目的各个阶段之间并不是完全独立的,而是存在重叠部分。阶段之间的连接点有概念设计的重叠、招标投标的重叠以及项目试运转的重叠,这些重叠将传统管理模式分离的各个阶段紧密地连接在一起,使得它们成为一个整体。

2. 全生命周期的过程集成化管理模型

在确定各阶段具体内容的基础上,可以发现各个阶段之前都有重叠和交集,因而在具体的管理层面,可以从这些交集点出发,进行集成化管理。

(1) 决策阶段对集成管理的贡献

建筑工程项目的决策就是对项目进行分析、探讨,最后给出答案,并对整个工程各要素进行计算分析，制定出目标计划安排。工程项目的决策阶段中项目总负责人，即业主就要对工程项目的基本情况以及项目之后的发展走势有个基本蓝图。对项目进行总体规划是决策阶段最重要的内容，规划能够考虑到设计和施工阶段的具体操作，也能够考虑到运营维护阶段的可持续发展性[6]。例如，当前很多大城市都在纷纷建设地铁工程，而地铁工程巨大的耗资、较长的工期、施工期间对城市交通和环境的影响、施工的危险性以及运营期的利润等多种因素都会导致地铁项目存在比较大的风险，因而在决策和规划阶段一定要把后面三个阶段的风险、成本、安全等问题都考虑进去，才能算是关注了全生命周期的决策。

（2）设计阶段对集成管理的贡献

建设工程项目的设计就是设计单位或个人认真分析决策者决策的结果，结合自己的专业知识，对工程进行由概念到初步、到最终设计成果的过程。一般来说，项目的设计就是指为施工阶段做准备工作，包括选择何种合同模式、对施工单位的选择、施工图的设计和方案选择等。设计阶段对集成管理的贡献可以看成是：决策和施工的纽带，起到承上启下的作用；也是对决策进行明确，将决策内容逐渐反映出来，是决策目标细化的过程[6]。例如，对地标性建筑进行设计时，不仅要追求决策阶段对建筑外观造型提出的要求，还要能够考虑到施工阶段的可实现性，不能一味地追求造型而忽略了施工实际，当然也不能因循守旧。

（3）施工阶段对集成管理的贡献

建筑工程项目在施工过程中应该提前考虑到项目的运营和项目拆除报废问题[6]；当然施工阶段也是对设计成果的实现与优化，若没办法按照设计的图纸呈现则会大大影响项目的效果，或是发现了设计上的不足却没有修正，那么也会影响项目的成效。施工过程的具体成果与后期的运营结合最为紧密，施工阶段会呈现最终建筑的质量、安全，这对于后期运营的成本、效益影响很大。

例如，在施工阶段使用一些劣质的材料，会导致运营维护阶段高昂的维护费用，甚至还可能导致运营维护阶段中出现一些安全事件造成更大的人身伤害和经济损失，造成恶劣的社会影响。

（4）运营维护阶段对集成管理的贡献

建设工程项目的全生命周期一直包含到项目的拆除回收，因而如果有好的运营效果则在最后的拆除回收阶段会有比较好的结果。当然，运营维护阶段的认真与用心也能够帮助业主、运营方形成有效的反馈信息，能够帮助业主、运营方在类似项目的决策设计中有所借鉴，以此实现良好的社会效益和可持续发展目标。

5.3.4 基于信息平台的全生命周期集成化管理

1. 全生命周期的信息流

按照项目建设阶段可以分为：决策阶段信息流、设计阶段信息流、施工阶段信息流以及运营维护阶段信息流。按照项目管理要素可以分为：工期信息流、费用信息流、质量信息流、安全信息流等。还可以按照项目各参与单位进行划分：业主方信息流、设计方信息流、施工方信息流、监理方信息流等[6]。

因此，建设工程项目全生命周期信息集成管理是从建设工程项目特点出发，充分考虑项目全生命周期各阶段的目标和接口问题，依赖高新信息技术和系统整体性原理，对工程项目各阶段、组织、目标要素中的数据、信息进行整合匹配管理，为项目各阶段提供即时准确的信息，实现项目信息资源的共享。同时，对于那些已完成或者在建工程项目的信息应全面归纳整理，以便项目各参建方协调工作、全局管理，从而达到对项目目标的整体优化[6]。

2. 全生命周期的集成化管理信息平台

当前的建设工程项目中应用得比较多的是BIM技术，BIM在技术上有将二维转化为三维的优势，在管理上也能够直观地显示出各信息关系，方便了各方的计划与沟通协调；有利于工程的管理，减少实施过程问题的产生；对生命周期的信息管理有促进作用，特别是项目运营、维护阶段的管理；降低了工程的费用，提高了工程的质量。它能够通过信息平台的形式将各个管理目标、建设阶段、项目参与方的信息进行分析整合，成为连接不同组织、目标、阶段之间的窗口，实现了信息在空间和时间上的双重沟通。图5-5为BIM管理平台示意图。

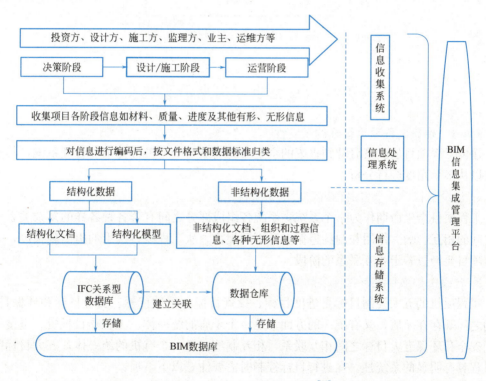

图5-5　BIM信息集成管理平台[26]

项目全生命周期集成化管理信息系统（LMIS）可定义为：以业主方、运营方、开发管理方、项目管理方和物业管理方为用户对象，利用计算机硬件、软件、网络通信设备以及其他办公设备，在建设项目全生命周期过程中进行信息的收集、储存、传输、加工、更新和维护，以建设项目全生命周期目标（包括成本目标、进度目标和质量目标）的实现为目的，为组织内各个层次的管理者及时、准确、完整地获取信息，辅助其进行决策、控制、实施的集成化人机系统。图5-6为LMIS系统集成方法示意图。

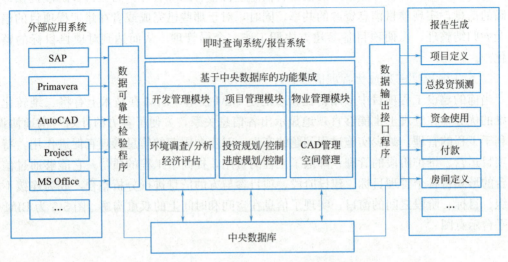

图 5-6　LMIS 系统集成方法[13]

5.4　建设工程项目全生命周期的集成化管理系统

5.4.1　建设工程项目管理的系统性[27]

建设工程项目从决策启动到报废的全生命周期是一个有机且复杂的管理系统，其系统性可以从多个角度进行分析：

1. 建设工程项目全生命期各阶段的系统性

工程项目全生命期作为一个系统，系统各组成部分之间有着各种各样的复杂关系。它们之间的相互影响、作用和制约遵循多种不同规律。从工程项目构思的提出到报废，一个工程项目要经过若干相互联系的阶段。

2. 建设工程项目控制目标之间的系统性

工程项目的五大控制目标是进度目标、投资目标、质量目标、安全目标和环保目标，它们之间既存在矛盾，又有统一的方面，是一个矛盾的统一体。工程项目投资、进度、质量、安全和环保五大目标之间相互联系、相互制约，是一个有机的统一体，五大目标的控制过程具有明显的系统性。在进行目标控制时需要注意以下事项：

（1）力求五大目标的统一。在对工程项目进行目标规划时，必须注意统筹兼顾，合理确定投资目标、进度目标、质量目标、安全目标和环保目标五者的标准。需要在需求和目标之间、五大目标之间进行反复协调，力求做到需求与目标的统一、五大目标之间的统一。

（2）要针对整个目标系统实施控制。由于五大目标构成了一个统一的整体目标系统，工程项目的目标控制就必须针对整个目标系统实施，防止工程项目在实施过程中发生盲目追求单一目标而损害整体目标的现象。

（3）追求目标系统的整体效果。在实施目标控制过程中，应该以实现工程项目的整体目标系统作为衡量目标控制效果的标准，追求目标系统整体效果，做到各目标互补。

3. 建设工程项目利益相关各方管理之间的系统性

(1) 建设项目管理。站在业主的立场上,对项目建设进行的综合性管理工作。建设项目管理是宏观的、全面的管理,贯穿"项目管理"全过程的始终,在工程项目管理的整个系统中,业主方项目管理为核心。建设项目管理的内容是根据合同计划,控制工程项目的三大目标,使用合理的投资,在尽量短的工期内,得到一个满足预定质量要求的工程项目。

(2) 设计方和承包商的"项目管理"。因为先有业主后有项目,由业主选择设计方和承包商,所以,设计方、承包商的"项目管理"是被动管理,管理内容只是工程项目中标签约的那一部分,属于对工程项目的局部管理。建设项目管理、设计项目管理和施工项目管理作为工程项目管理的两个层次,在管理目标的性质、管理的方法与手段、管理的内容与范围方面存在不同。同时,三者都是以工程项目为对象进行的一次性系统活动,其管理行为客体具有一致性,而管理行为的主体——业主、设计方和承包商则共同构成了工程项目承发包市场的交易行为。从这个角度分析,工程项目管理的两个层次具有系统性[27]。

5.4.2 建设工程项目集成化管理模式的构建

因为建设工程项目的全生命期是一个有机且复杂的系统,所以集成化管理模式的构建应遵循以下原则:以全生命期管理理论为指导思想,立足于工程建设的全过程管理;以造价为纽带,实现对质量、进度、造价、安全、环保五个要素目标的集成管理;以组织管理、合同管理、风险管理、信息管理为集成化管理模式实施的保障措施。建设工程项目的集成化管理,需要将全生命期管理、全过程管理、全要素管理和全方位管理四个方面进行集成,如图 5-7 所示。

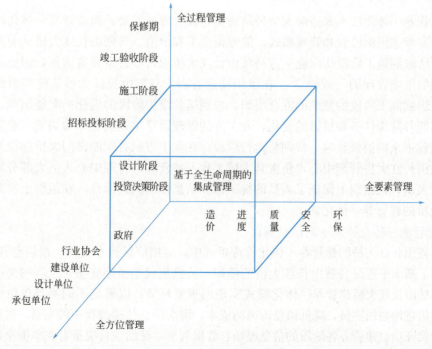

图 5-7 建设工程项目集成化管理模式的构成

5.5 案例分析

5.5.1 案例一：马鞍山长江大桥[28-30]

1. 项目概况

马鞍山长江大桥位于安徽省马鞍山市，2013年12月31日投入使用。大桥全长约36.274km，项目总投资约70.78亿元。大桥按全封闭、全立交6车道高速公路标准设计，采用的三塔两跨悬索桥设计，代表了当前世界桥梁设计的最高水准[28]。

马鞍山长江大桥项目资本金为31.4亿元，占总投资的45%，除了申请国家车购税外，均由项目法人安徽省高速公路总公司筹措，资本金以外的38亿元，申请中国工商银行贷款。长江大桥配套工程的投资，主要由马鞍山市承担[29]。左汊桥推荐方案为世界跨径最大的三塔悬索跨江桥，右汊桥则为拱形塔斜拉桥。主跨跨度在当时世界同类桥梁中位居第一。

2. 建管养一体化模式内涵

建管养一体化模式是全生命周期集成化管理在公路桥梁管理中的运用，具体指在公路桥梁建设过程中，由专业化的单位（若业主具备相应能力，可由业主担任这一角色）统一负责同一交通设施项目从立项、投融资、设计、施工、竣工移交、运行维护到项目后评价的全生命期各阶段的所有工作。建、管、养一体化模式运用工程全生命期集成管理的思想，可以保证交通设施建设、管理与养护团队的稳定性和连续性，实现其建设、管理和养护的无缝衔接，实现工程责任的连续和可追溯性。

3. 建管养一体化模式下的组织管理

非建管养一体化已不太适应大型公路桥梁建设管理的需要，而建管养一体化模式从工程整体出发考虑组织设置和管理模式，能够促进工程增值。马鞍山长江大桥从前期策划阶段、设计阶段到施工阶段均由业主方马鞍山长江大桥项目办公室负责运作，保证了工程全生命周期的集成管理的一致性[30]。在组织变迁方面，马鞍山长江大桥从前期策划阶段的寄生型组织到施工阶段的复杂的混合组织，再到运营维护阶段的简化的职能组织，适应了全生命周期各阶段任务和目标的变化，业主方的管理贯穿工程的全生命周期，避免了组织变迁给工程带来的消极影响。特别是运行阶段，在业主方原有职能部门大桥建设管理部下专设马鞍山长江大桥管理中心，负责其主体工程养护管理，管理中心人员大部分来源于大桥的建设人员，从组织上保证了人员的统一性和信息传递的延续性，在组织上实现了马鞍山长江大桥的建管养一体化。

4. 建管养一体化模式下的信息管理

在马鞍山长江大桥的建管养一体化管理模式中，运用信息技术提升工程信息管理水平，从而破解了高水平建设马鞍山长江大桥的障碍。信息集成是指建立基于互联网络的信息平台，是马鞍山长江大桥建管养一体化模式实现的重要环节，以满足不同参与单位的信息需要，改进信息沟通的质量，降低信息沟通的成本，解决信息传递过程中的失真、过载、缺损等现象，保证项目建管养各阶段的信息通畅和数据共享，帮助项目决策者在掌握全面信息的前提下作出科学的决策。信息平台的建立，从本质上改变了传统的工作模式，大大提高了信息交流的效率，降低信息交流成本，为建管养一体化的信息沟通奠定了基础。

5. 建管养一体化模式下的职能管理

(1) 质量管理方面，从建管养一体化角度出发，积极引入现代工程管理理论，以工程系统结构分解为基础，以质量管理流程再造为支撑，以标准化施工、精益化建设、PDCA质量循环改进体系等为手段，形成了以高品质为导向的质量管理体系。

(2) 安全管理方面，通过建立施工安全信息化管控平台进行施工过程中不安全施工行为、物的不安全状态的监测、预警及应急控制，用事前预案、过程预控、现场预警三阶段风险源辨识方法进行安全风险管理等方式实现安全管理。

(3) 成本管理方面，一方面考虑全生命周期的成本优化，另一方面以工程系统结构分解（Engineering Breakdown Structure，EBS）为工具，实行基于时间和工序的双维成本管理。以EBS为依据进行成本分解，业主方的早期成本明确程度高，便于整个成本计划后续的不断优化。设计和招投标阶段，业主着眼于项目的全生命周期，进行合理分标，适当减少招标次数，降低招标成本。施工阶段，运用信息平台进行双维成本管理，达到了成本的精细化控制和及时反馈，而且借助信息管理系统进行深入分析和预测，减少投资浪费。

(4) 进度管理方面，在建管养一体化模式下，业主方能够从全生命周期管理出发，对设计、施工和运行维护进行总体优化，减少无效工作环节并开展并行工作，促使工程尽快进入运营维护阶段。同时，业主方开发的信息管理系统中进度管理子系统的功能能够得到充分利用，减少了承发包双方因进度协调带来的时间浪费。

5.5.2 案例二：上海环球金融中心[31,32]

1. 工程概况

上海环球金融中心工程位于上海市浦东新区陆家嘴金融贸易区Z4-1街区，位于陆家嘴绿地南面，北邻世纪大道，西邻东泰路和金茂大厦。该大楼为综合型超高层智能化建筑，主要功能包括商务办公、宾馆、观光、商贸、展览和其他公共服务等。上海环球金融中心工程在当时建成的建筑中高度名列前茅，且以在权威世界高层建筑评价指标（四项）中"屋顶高度（492m）""最高使用楼层（484m）"等两项指标位列世界第一而著称。工程建筑高度492m，地上101层，地下3层，总建筑面积379588m^2，工程造价超过73亿元人民币，施工工期约6年（不包括因东南亚金融危机而导致的停工期），总承包进场后施工约40个月。它91层以下采用钢筋混凝土核心筒结构体系＋巨型外围框架（由巨型柱、巨型斜撑、带状桁架组成）形成的框筒结构体系，内筒和外框架之间通过升臂桁架相联系。91层以上采用全钢结构。工程钢结构用钢量约6.7万t，基坑开挖深度近26m，高峰期施工人员达到6000余人[31]。

上海环球金融中心建设工程项目参与单位　　　　表5-3

建设单位	上海环球金融中心有限公司
设计审编	森大厦株式会社一级建筑事务所
建筑设计	KPF建筑师事务所、株式会社入江三宅设计事务所
结构设计	籁思理·罗伯逊联合股份有限公司(LERA)
设计单位	上海现代建筑设计(集团)有限公司、华东建筑设计研究院有限公司
施工单位	中国建筑工程总公司－上海建工(集团)总公司联合体
监理单位	上海市建设工程监理有限公司

2. 建筑特点[31]

（1）大型、复杂：超高层建筑测量精度要求高，还需考虑沉降、压缩变形等的影响；钢结构安装领先土建作业施工，精度高，作业风险较大，需采取有效的安全防护措施；精装修质量标准高，其分部分项工程的质量将影响质量目标的实现。

（2）参与主体众多：投资的团体就有包括日本、美国的企业在内的40多家企业；从建筑设计、结构设计到施工、运营涉及了十多家单位，见表5-3。

（3）战略目的性：大型建设工程项目大多是由国家或地方政府投资建设，具有一定的战略意义，与社会、经济和政治紧密相连。上海环球金融中心对于上海进一步发展其金融中心的地位、促进对外开放具有一定的意义。

（4）不确定性：大型建设工程项目建设周期长，在项目管理过程中难免会有复杂的突发情况产生，工程项目呈现不确定性。

（5）高科技性：工程采用了许多新技术、新工艺、新材料和新的施工方法，这些先进的施工技术有一些在国内尚未使用，还有一些在国际上也是首次应用，操作人员需要一些时间熟悉它们后，才能正确使用，甚至还需要一段时间进行试验，施工过程中可能会出现一些问题。对规模大、技术复杂或采用新技术、新材料、新工艺、新方法的分部、分项工程要重点考虑。

3. 案例分析

（1）目标层面的集成管理

上海环球金融中心因其建设的特点，其要实现的目标有质量、成本、工期、安全、社会效应、可持续发展等，其目标体系相对庞大，且每一个目标都十分重要。从目标集成的管理体系来看，可分为以下三点进行检验：

1）目标分解。即将建筑整体的目标分为若干个二级小目标，以此类推继续往下形成三级小目标等。质量管理上，目标分解体现在设计阶段对本建筑的基础结构的分解，并将设计分为三个细化的步骤，保证施工的顺利进行；施工阶段中设置了质量控制点，将整座建筑的质量控制核心聚焦在一些异形部位的质量控制上，并采用质量保证程序、项目质量管理流程、隐蔽工程验收工作程序和工序质量验收工作程序等制度保证材料的可靠性和安全性；运营维护阶段也把整座大厦的功能有效分类，进行分项管理。进度管理上，施工中将工程量进行分解，同时又形成二维的施工进度图用于跟踪，将跨度40个月的项目进行细化分解，在进度上也取得了很好的效益。但不可否认的是，在成本和安全管理上目标分解的内容没有明显的体现，还需要进一步加强，并且在施工期间也出现了一起安全事故。

2）计划管理。计划管理主要体现在进度的管理上，通过采用新颖的工程总进度形象计划图，针对高层建筑的特点，综合了工作时间、楼层高度（工作面）、横道图、网络计划等特点，比横道图反映的内容更加丰富，更加直观、形象，而且很好地体现各专业之间、工作资源与工作面之间的关系，这对于整个工程的顺利完成起到了很大的作用。在质量上的计划管理主要通过了严格的准备、施工和验收来完成，最终也在质量上取得了不错的成绩。而在成本和安全的管理上，计划管理则不明显。

3）合同管理。本项目中最为引人注意的合同便是在业主与施工单位的施工合同中写明了若工期超过合同工期，则需要施工方付出80万元/天的赔偿费，这一点能够很好地促进达成施工工期的要求。与此同时，施工方在施工期间进行的合理索赔也体现了合同的法律效果和对参与方利益的维护。但合同在其他方面的作用却没有很好地体现出来。

（2）过程层面的集成管理

在过程的层面，从决策到设计到施工到运营，项目的统一性还是比较明显的。首先，在决策阶段，业主方会根据金融危机的出现而暂停建设该项目，进行及时的止损；在设计阶段，整个设计也考虑到后期施工的方便性以及后期运营过程中该建筑的特殊性以及在同类中的竞争力，从目前的运营维护阶段来看效果很不错；在施工阶段，质量和进度的保证能够确保项目的整体利益，实现了设计的构想，为运营维护阶段奠定了坚实的基础。

（3）项目参与方层面的集成管理

在上海环球金融中心的建造中，涉及的项目参与方很多，而且还有一部分国外的公司，整个项目的参与机构多而复杂。在整个项目的运行中并没有出现太大的矛盾，但很显然项目的运行过程中没有针对各参与方进行集成管理，因为在施工阶段还专门成立了深化设计的部门，对设计图进行进一步的细化和修改，虽然项目的建设质量和进度没有受到大的影响，但也造成了工序的繁复和人员的浪费，从另一方面来说也是资源的浪费。

（4）信息层面的集成管理

在信息层面的集成管理，基本只是在各个参与单位之间形成了信息沟通的渠道（图 5-8），并没有建立起完整的信息平台，更没有将规划、设计、施工的信息都放在其中，所以在信息上的集成管理还处于十分传统的管理模式。

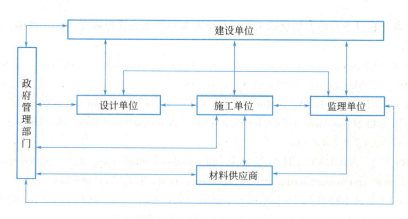

图 5-8　参建单位的信息流程图[32]

5.6　本章小结

本章主要介绍了建设工程项目全生命周期集成化管理的概念及内涵，以及在建设工程项目全生命周期推行集成化管理的必要性。重点介绍了建设工程项目全生命周期集成化管理的内容和集成化管理系统。最后通过案例分析，使读者了解在建设工程项目全生命周期内集成化管理的具体应用。通过本章的教学，读者可以全面了解建设工程项目全生命周期集成化管理的基本概念，同时掌握建设工程项目全生命周期集成化管理的内容。

读者在学习本章时，需要全面了解建设工程项目全生命周期集成化管理的内涵和 4 个维度，重点关注建设工程项目全生命周期集成化管理的内容以及信息技术在全生命周期集成化管理中的应用。

思考与练习题

1. 如何理解建设工程项目全生命周期集成化管理？
2. 简述建设工程项目全生命周期集成化管理的四个维度。
3. 简述建设工程项目全生命周期集成化管理的必要性。
4. 简述建设工程项目全生命周期集成化管理的内容。
5. 简述建筑信息模型（BIM）在建设工程项目全生命周期集成化管理中的应用。
6. 简述建设工程项目全生命周期集成化管理系统的架构。

本章参考文献

[1] 王乾坤．集成管理原理分析与运行探索［J］．武汉大学学报（哲学社会科学版），2006（03）：355-359．

[2] 戚安邦．现代项目组织集成管理模型与方法的研究［J］．项目管理技术，2003（02）：14-18．

[3] 李瑞涵．工程项目集成化管理理论与创新研究［D］．天津：天津大学，2003．

[4] 邱国林，隋芳筠．大型公共建设项目全寿命周期集成化管理探讨［J］．吉林建筑大学学报，2015，32（03）：81-83．

[5] 雷丽彩，周晶．基于全生命周期集成的大型工程项目风险控制模型［J］．软科学，2011，25（10）：27-31．

[6] 杨连山．基于信息平台的大型建设工程项目全寿命周期集成管理研究［D］．济南：山东建筑大学，2015．

[7] SORENSON O. Interdependence and adaptability: Organizational learning and the long-term effect of integration [J]. Manage sci, 2003, 49 (4): 446-463.

[8] CABEZA L F, RINCóN L, VILARIñO M, et al. Life cycle assessment (LCA) and life cycle energy analysis (LCEA) of buildings and the building sector: A review [J]. Renewable and sustainable energy reviews, 2014, 29: 394-416.

[9] RASDORF W J, ABUDAYYEH O Y. Cost-and schedule-control integration: issues and needs [J]. Journal of construction engineering and management, 1991, 117 (3): 486-502.

[10] BABU A J G, SURESH N. Project management with time, cost, and quality considerations [J]. European journal of operational research, 1996, 88 (2): 320-327.

[11] PEñA-MORA F, TAMAKI T. Effect of delivery systems on collaborative negotiations for large-scale infrastructure projects [J]. Journal of Managemenf in Zngineering, 2001, 17 (2): 105-121.

[12] HEIDARI M, ALLAMEH E, DE VRIES B, et al. Smart-BIM virtual prototype implementation [J]. Autom constr, 2014, 39: 134-44.

[13] 何清华，陈发标．建设项目全寿命周期集成化管理模式的研究［J］．重庆建筑大学学报，2001（04）：75-80．

[14] 成虎．建设项目全寿命期集成管理研究［D］．哈尔滨：哈尔滨工业大学，2001．

[15] 陈勇强．大型工程建设项目集成管理［J］．天津大学学报（社会科学版），2008（03）：202-205．

[16] 聂娜，周晶．综合集成管理下的大型工程组织系统［J］．系统科学学报，2013，21（03）：46-49．

[17] 陈永鸿，高珺，周京春．基于BIM的大型工程项目组织集成研究维度分析［J］．城市建设理论研究（电子版），2013（10）：1-6．

[18] 李永奎，乐云，何清华，等．基于SNA的复杂项目组织权力量化及实证［J］．系统工程理论与实

践，2012，32（2）：312-318.
[19] 杨婧，陈英武，沈永平. 基于相互作用网络的大型工程项目组织结构风险分析［J］. 系统工程理论与实践，2011，31（10）：1966-1973.
[20] 刘建生，杨荣华. 高速公路建设项目集成化管理模式研究［J］. 基建优化，2005（03）：4-7.
[21] 万冬君. 基于全寿命期的建设工程项目集成化管理模式研究［J］. 土木工程学报，2012，45（S2）：267-271.
[22] 付瑞婷，靳春玲. 建设工程项目全寿命周期集成化管理模式优化研究［J］. 建设监理，2014（08）：47-51，54.
[23] 陈光. 城市轨道交通工程全寿命周期集成化管理［J］. 都市快轨交通，2005（01）：5-9.
[24] 何文才，谢琳琳，何清华. 大型会展场馆全寿命周期集成管理系统研究［J］. 华中科技大学学报（城市科学版），2008（02）：59-63.
[25] 白利. 基于全寿命周期的水利工程项目利益相关者分类管理探析［J］. 建筑经济，2009（S1）：98-100.
[26] 张飞涟，郭三伟，杨中杰. 基于BIM的建设工程项目全寿命期集成管理研究［J］. 铁道科学与工程学报，2015，12（03）：702-708.
[27] 张志强. 建设工程项目全寿命周期过程集成管理研究［D］. 大连：大连理工大学，2007.
[28] 吕奖国，殷永高. 马鞍山长江大桥项目集成管理研究与实践［J］. 建筑经济，2014，35（09）：35-38.
[29] 殷永高，吕赛男，吕奖国，等. 马鞍山长江大桥建设管理探索［J］. 建筑经济，2014（03）：33-36.
[30] 吕奖国，郝玉东，殷永高，等. 基于全寿命周期集成管理的马鞍山长江大桥建管养一体化模式研究［J］. 建筑经济，2016，37（09）：35-38.
[31] 冯宇. 上海环球金融中心工程项目案例分析［D］. 哈尔滨：哈尔滨工业大学，2008.
[32] 谢坚勋，龚花强. 浅谈大型超高层建筑项目工程综合集成管理——上海环球金融中心（SWFC）工程案例分析［M］. //中国建筑学会工程管理分会2009年学术年会论文集. 广州，2009：16-20.

第 6 章　BIM 在建设工程项目全生命周期管理中的应用

本章要点及学习目标

本章围绕建设工程项目全生命周期信息化管理展开，重点介绍建筑信息模型（BIM）在建设工程项目各阶段中的应用。读者在学习本章时，需要全面了解建设工程项目全生命周期信息化管理的概念及内涵，同时需要掌握建筑信息模型（BIM）在建设工程项目全生命周期各阶段的应用。

6.1　建设工程项目全生命周期的信息化管理

6.1.1　建设工程项目的信息化管理

1. 建筑信息模型的基本概念

建筑信息模型（Building Information Modeling，BIM）的概念在 20 世纪 70 年代由美国佐治亚理工学院的 Charles Eastman 教授提出，并对 BIM 给出了简单的定义：BIM 是一个单一模型，这个模型的适用范围是建设工程项目的全生命周期且模型包括整个项目的基础数据信息，比如几何模型信息、功能要求及构建性信息，也包括了在项目实施过程中的扩展信息、控制信息，如进度信息、质量信息等[1]。随着 BIM 技术的不断发展，美国制定了关于 BIM 的技术标准，并提出 BIM 是一个数字化模型，包括建设项目的物理特性和功能特性，BIM 也是一个共享性模型，建设项目全生命周期的数据信息都可以共享[2]。

2. 建设工程项目的信息流程分析

建设工程项目整体上可以划分为信息处理过程（Information Process）和建筑生产过程（Construction Process），并且前者支持后者。除了具有显而易见的物质流之外，还有潜在但又十分重要的信息流[3]，如图 6-1 所示。信息流是伴随着物流而产生的，它对物流起着主导作用。项目管理的主要功能就是通过信息流的作用来规划、调节物流的数量、方向、速度和目标，使其按照一定的规划运动[4]。

（1）项目管理组织内部的信息流动

从组织结构的角度上看，在建设项目管理组织内部存在三种信息流，如表 6-1 所示。

项目管理组织内部的信息流动　　　　表 6-1

类型	主体	信息内容
自上而下	项目（总）经理→中层和基层项目管理人员	建设项目管理目标和任务，项目管理工作制度，指令、办法及规定，业务指导意见等
自下而上	基层项目管理人员→中层项目管理人员及项目（总）经理	工程进度、费用支出、质量、安全及项目管理人员的工作情况等；还包括上级部门及有关领导所关注的意见和建议等
横向之间	同一层次的职能部门或工作人员之间	由于分工不同而产生的

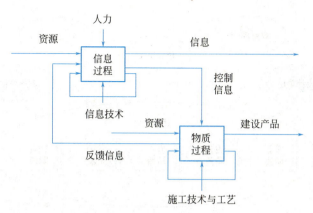

图 6-1 信息流动过程与物质流动过程[4]

（2）项目参与方之间的信息流动

除了工程项目管理方内部的信息沟通之外，工程项目管理方组织和它的外部环境之间也有着频繁的信息往来。如图 6-2 所示为传统的模式下项目主要参与方间的信息流结构。例如，工程项目管理方通过协调会议等方式，组织各施工分包单位、材料供应单位、设备供应单位、设计单位之间横向的信息交流；政府有关部门虽然不是项目的直接参与方，但与企业之间也存在信息的流动和共享；社会公众同样对可共享信息有需求等[5]。

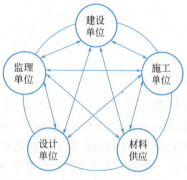

图 6-2 传统模式下项目主要参与方间的信息流[5]

（3）项目建设过程中的信息流动

1）信息在建设阶段的流动

从全生命周期的角度来分析，建设项目在某一阶段产生的一些信息不会立刻消失或失效，往往会继续进入下一个阶段使用、更改。如房地产项目前期策划阶段的全程策划书等，在项目建设完毕后的营销推广阶段仍要使用。

2）信息类型的转化、衍生

建设项目不同类别的信息不是绝对分离的，是需要被连续使用的，一种类别的信息往往会转化成或衍生出另一类别的项目信息，如根据结构设计的方案编制项目的预算，或进行项目的施工方案设计等。

3. 建设工程项目的外部关联环境分析

工程项目的建设过程中，项目的外部环境十分复杂，不同的项目参与方需要和产生的项目信息各有不同。在建设项目系统中，项目的外部关联环境与项目的关系可以用图 6-3 表示，涉及项目的直接参与方（项目业主方、设计单位、施工单位、生产厂商和供应商、建设监理单位）与其他关联方（政府主管及其质量监督机构、质量检测机构、地区和社会公众）[6]。

4. 建设工程项目信息分类及编码系统的建立

（1）项目信息分类

从物理输出角度来看，目前国际上成熟的项目分类体系很多，例如 ISO 的建筑信息分

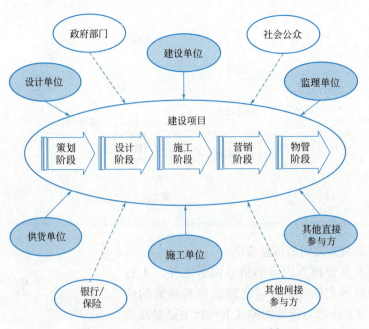

图 6-3　建设项目外部关联环境系统[6]

类框架 ISO/TR 14177、ISO/DIS 12006-2、ISO/PAS 12006-3；北美的 UNIFORMAT Ⅱ、Masterformat、OCCS；欧洲的 SfB、Ci/Sf B、EPIC 和 UNICLASS。以 ISO/TR 14177 为例，基于面分法的建筑信息分类体系框架分别由设施、空间、构件、工项、建筑产品、建设辅助工具、管理、属性八个分类表组成[7]。分类框架及示例如表 6-2 所示。

ISO/TR 14177 提出的建筑信息分类框架[7]　　　　表 6-2

设施	空间	构件	工项
博物馆	锅炉房	基础	开挖工程
铁路	卧室	板	砌筑工程
海堤	雨篷	路面	门窗工程
桥	跑道	外墙	隧道工程
……	……	……	……
建筑产品	建设辅助工具	管理过程	属性
家具	模板	设计	形状
设备	脚手架	规划	尺寸
门窗	吊车	投资控制	功能
……	……	……	……

（2）文档信息分类

信息输出的 90% 左右为非结构化信息，即文档信息。根据 ISO 的技术报告，工程建设的文档主要有两种，一种是工程实施过程中直接产生的项目文档，包括图纸、项目技术规范、工程量清单、报表、会议纪要、合同文本等；另一种是工程实施过程中间接使用的参考文档，包括通用建筑施工规范、产品标准、法律、标准合同文件等[8]。建设项目的文档信息分类可以有不同的标准：

1）按项目结构分，在大型工程项目中往往是对信息进行进一步分析。

2）按项目实施阶段分，一般工程项目可以分为前期、设计、招标、采购、施工、运行和保修等阶段。

3）按项目控制目标分，可分为投资控制、进度控制、质量控制、环境目标、合同管理、风险管理、组织协调等。

4）按项目各参与方分，包括业主、咨询方、设计方、施工方、供货方等，还可包括社会公众、政府部门等间接参与或知情方。

5）按信息产生的时间分，按项目具体产生的时间进行分类。

6）按项目信息的内容分，如设计阶段的信息有图纸、技术说明、会议纪要、函件、合同等。

7）按信息存储格式分，可分为文本、图形和音频视频等。

（3）文档信息编码设计

如上所述，建设项目的信息分类可以有不同的标准，在对信息进行分类编码的时候，这些不同的标准体现了分类的不同层面。综合考虑，可以将信息编码做如图6-4所示的设计。

×	××	××	××××××	××	×	××××
阶段编码	类别编码	顺序号编码1	时间编码	顺序号编码2	格式编码	参与方编码

图 6-4　信息编码设计

该编码体系共18位，分7个层面，各层面的含义为：

1）阶段编码：即信息产生阶段的编码。例如，全生命周期的建设项目阶段划分为：前期策划阶段、规划设计阶段、施工阶段、销售阶段、物业管理阶段和物业报废阶段，对应编码为1、2、3、4、5、6。

2）类别编码：通过对文档信息的分类，可对类别编码设计如表6-3所示。

文档信息的类别[3]　　　　　表 6-3

第一级	第二级
10 组织类信息	11 编码信息
	12 单位组织信息
	13 项目组织信息
	14 项目管理组织信息
20 管理类信息	21 进度控制信息
	22 投资控制信息
	23 合同管理信息
	24 风险管理信息
	25 安全管理信息
	26 环境管理信息
	27 工作量控制信息

续表

第一级	第二级
30 技术类信息	31 前期技术信息
	32 设计技术信息
	33 质量控制信息
	34 材料设备技术信息
	35 施工技术信息
	36 竣工验收技术信息

3) 顺序号编码1：在某个建设阶段的某个类别，如施工阶段的合同管理类信息，其中包括合同变更文件、索赔文件、管理总结报告等。例如，施工阶段合同索赔文件，用42302表示。

4) 时间编码：即文档产生的时间，共6位，包括年、月、日。例如，2004年2月6日可以记为040206。

5) 顺序号编码2：由于某日产生的某类文档可能有若干个，上述四层编码所代表的仍然是若干个文档的集合，因此用第二位顺序号编码区分。如2004年2月6日的第2个施工阶段合同索赔文件，用4230204020602来表示。

6) 格式编码：文档信息的格式可以分为文本、图像、音视频三种，对应编码1、2、3。

7) 参与方编码：文档信息的提供方，不包括文档信息的共享使用方。建设项目的参与方包括业主方、工程咨询方（包括监理方）、设计方、施工方、供货方以及政府部门，共6种，对应编码01、02、03、04、05、06。每一参与方内部再用2位顺序号加以区别，如第2家施工单位，用0402表示。

5. 建设工程项目信息采集制度的建立

信息采集工作应尽量全面利用人力资源，结合各个项目管理人员的工作内容和他们所掌握知识的特点分配任务，实现"落实到人、易于控制、易于执行"的目的。同时，工程项目管理方应该制定相应的信息采集制度。

(1) 信息采集的范围

工程项目的信息来源广泛，涉及项目各参与方和项目的全过程。例如：

1) 业主给各设计单位及施工单位的指令；

2) 业主向上级部门或政府机关的有关报告及上级政府对该项目建设的指示及批示文件；

3) 业主方内部的各种项目准备工作资料、工程会议记录，各设计单位、施工单位、供货单位、项目管理单位等向业主呈报的各种计划、报告等；

4) 项目实施过程中产生的各种动态信息等。

(2) 信息采集的职责分工

通常，建设项目参与单位众多，信息产生地点分散，为了及时、准确地获取项目建设相关信息，由信息的产生方承担信息输入的责任，即由各具体实施部门按规定的格式实时进行有关信息的提供[9]。以某国际机场建设为例[10]：

1) 资金及投资完成情况,由计划和财务负责采集。
2) 工程进度、施工情况由各工程处按职责范围负责采集。
3) 设计、工程监理、财务监理及其他业务开展情况,由各相关部门负责采集。
4) 社区动态、征地动迁、场外市政配套、后勤工作等情况,由公安处、市政交通用地协调处、办公室等部门负责采集。

(3) 信息管理方的职责

项目信息应由专门的信息管理部门进行审查、分类和编码,信息管理部门可以是业主方单独设立的部门,也可以是专门从事信息管理系统建立的第三方专业咨询单位。信息管理方负责运用计算机技术对各种信息进行管理,并负责系统的专业维护。其职责是为项目参与各方服务,分配信息使用权限并提供共享的信息。

6.1.2 建设工程项目全生命周期的信息化管理

建设工程项目全生命周期信息化管理(Life-Cycle BIM),不仅是一般项目的信息化管理,还涉及了与建设工程项目相关的组织、过程、方法和手段等内容,比传统的项目信息化管理涉及的层次更深、涉及的范围更广、涉及的理念也更先进,是集成化思想在建设工程项目信息化管理中的应用,如图 6-5 所示。

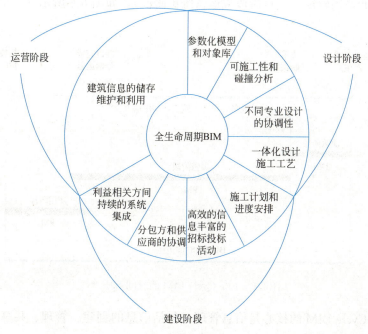

图 6-5 Life-Cycle BIM 示意图

有关 Life-Cycle BIM,目前尚没有权威和统一的定义,行业大多引用 Autodesk 的定义,"贯穿于建设全过程即从概念设计到拆除或拆除后再利用,通过数字的方法来创建、管理和共享所建造资本资产的信息"。格林卫咨询公司(Greenway Consulting)认为,Life-Cycle BIM 通过将 BIM 产生的信息和基于协同服务相结合,来解决建筑整个生命周期的相关业务问题,包括设计、施工和设施维护[11],这和 Autodesk 公司所给出的定义基本一致。

建设工程项目全生命周期信息化管理具有自身特性，它的基本内涵包括以下几个方面[12]：

（1）Life-Cycle BIM 是一种理念，目的是为了使建设工程项目增值（Adding Value to Building）。

Life-Cycle BIM 不是一种技术，也不是一套解决方案，它蕴含着集成化、系统化的信息管理和知识管理的理念，在这一理念下产生很多实现的技术手段（如数字化设计技术、远程协作技术等）和解决方案（如组织集成、过程改进方案等）。Life-Cycle BIM 的目的不仅是为了更好地进行建设工程信息管理和项目管理，而且是为了使建设项目增值，这种增值表现在全生命周期成本的节约、建设周期的缩短、建筑生产力的提高、建筑品质的提高和项目文化的改善等。

（2）Life-Cycle BIM 覆盖建设工程项目的全生命周期，包括决策阶段、实施阶段和运营维护阶段（甚至包括拆除或再利用）。

从 Life-Cycle BIM 的思想本质和目的来看，B 所代表的 Building，为建设工程项目，而不仅是建筑（或建筑物），因为前者的内涵和外延更广，涉及建设工程项目的全生命周期（或称全寿命周期），即从建设意图的产生到项目废除的全过程，它包括项目的决策阶段、实施阶段和使用阶段（运行阶段或运营维护阶段），如图 6-6 所示（图中 BLM 指全生命周期管理）。

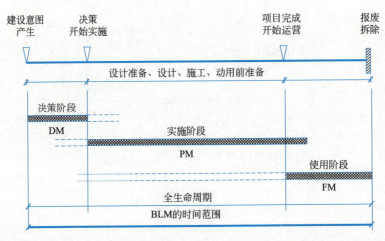

图 6-6　Life-Cycle BIM 的时间范围[12]

（3）Life-Cycle BIM 的核心是信息管理，包括信息的创建、管理、共享和使用等，充分挖掘信息的再利用价值。

和建设项目全生命周期集成化管理不同的是，Life-Cycle BIM 所解决的问题更为具体，它的核心是解决建设工程项目全生命周期中的信息流问题，即通过寻求最佳途径来跟踪、组织、访问和管理建筑产品的设计、建造和使用维护等生命周期中的所有数据、信息甚至知识，它需要解决目前建设工程项目信息的创建、管理、共享和使用中存在的问题。因此，Life-Cycle BIM 的核心是信息管理。

但 Life-Cycle BIM 又不仅是信息管理，它比传统的信息管理更密切结合面向建设工程项目的组织集成、协同工作、流程改进和知识管理。传统的信息管理指的是信息传输的合理组织和控制，而 Life-Cycle BIM 的信息管理涉及信息的创建、管理、共享和使用整个过程，其中每一个阶段都涉及变革性的思想、组织、方法和手段。Life-Cycle BIM 中的信息管理需要解决以下问题：

1）在信息的创建阶段，在 Life-Cycle BIM 理念下需要解决建筑产品方案的创造以及相关的信息集成问题，包括产品创意、空间几何数据、物料清单、成本和产品结构关系等，以及这些信息的参数化处理和相互关联处理。

2）在信息的管理和共享阶段，需要解决信息的分类、文档的产生、建筑产品数据的更新、信息的安全管理、信息的分发和交流等，以使项目各参与方和参与人员协同工作。

3）在信息的使用阶段，需要解决所创建信息的利用问题，即从信息的最终用户角度出发获取信息，从传统的"推"转向"拉"，将信息转化为知识，为建设工程项目增值提供服务。

（4）实现 Life-Cycle BIM 所必不可少的手段是相关软件系统。

从建筑的产品特征、生产组织特征（尤其是建筑产品的一次性以及生产组织的一次性特征）和用户特征（尤其是用户的多样性、一次性和个性化）来看，建筑业无法实现支持 Life-Cycle BIM 的一套商业化软件系统。但 Life-Cycle BIM 的实现必须依赖于相关软件，否则无法实现其本质理念。这些软件系统包括建筑产品集成化信息创建的软件、信息管理和共享的软件以及信息利用的软件等。这些软件系统的综合应用构成了支持 Life-Cycle BIM 的软件系统，或者称为虚拟的 Life-Cycle BIM 系统。

因此，Life-Cycle BIM 可以理解为：通过系统性的解决方案，支持协作性的创建、管理、共享和使用项目相关信息。用全生命周期集成化管理的思想，将建筑产品设计和相关信息有机地进行集成，将组织、过程、信息和系统集成在一起。它的目的是为项目增值服务。

建设工程项目全生命周期信息化管理（Life-Cycle BIM）实现的几个主要条件如下：
1）需要建设工程项目各参与方的协同合作；
2）需要政策、法律法规的支持以及行业标准的补充完善；
3）需要实现数据的交互，其中包括硬件、软件的支持，数据、文件格式标准化等。

6.2 建设工程项目全生命周期信息化管理的现状

6.2.1 建设工程项目全生命周期信息化管理的现状

1. 我国建筑业信息化的发展现状

我国建筑业发展速度迅猛，但仍然属于粗放型发展模式，这是我国建筑行业发展过程中长期存在的问题[13]。造成我国建筑行业粗放型发展模式的原因主要来自两个方面：首先，我国的管理理念发展要落后于西方国家。从 20 世纪 80 年代工程管理概念引入国内，至今发展不过 40 年，主要是借鉴西方先进管理理论和经验，没有形成自己的管理理论体系[14]。其次，我国建筑信息化水平还比较低。21 世纪是信息化飞速发展的一个时期，同时也是信息化大展拳脚的一个时期，在这一阶段，信息化将被广泛地应用于各行各业。建筑行业的信息化水平随着我国科学技术水平的提高已经有了很大的进步，但与西方国家相比，我国建筑行业整体的信息化仍处于较低水平，难以满足现代社会发展的需求。根据调查显示，建筑行业中真正利用计算机基础的信息化手段进行项目管理的施工单位不到总数的十分之一，更不用说先进的信息化管理手段。而与同为粗放型的制造业相比，建筑业虽然和制造业的总产值非常接近，且开始应用IT技术的时间相近，但对于信息技术方面的投资，却仅有制造业行业平均值的1/7，如图6-7所示[12]。

图6-7　我国制造业和建筑业IT的投入比较[12]

2. 建设工程项目全生命周期各阶段的信息传递

建设工程项目全生命周期的信息可分为两类：工作信息和As-built信息，前者是从策划、设计到施工等各个阶段的所有信息，后者是描述建筑物如何建造的信息，包括现场变更等。目前，各个阶段信息的分离管理以及基于纸介质的信息传递技术造成了信息在不同阶段间的流失，如图6-8所示[15]。

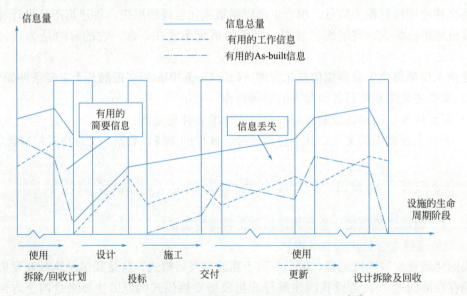

图6-8　建设工程项目全生命周期中信息的流失[15]

（1）从信息总量看，使用阶段的信息很少用于工程的设计和施工过程，信息丢失严重，建设工程全生命周期信息的再利用水平极低。

（2）在设计阶段，设计者无法利用已有的As-built信息，设计信息的可利用价值大大降低。

（3）在施工阶段，由于传统设计信息表达的缺陷、信息传递手段的落后、全生命周期信息管理和知识管理的水平极低等，使施工单位在投标时无法完全掌握设计信息，在施工时无法获取必要的 As-built 信息，在项目交付时无法将 As-built 信息交付给业主，从而造成了大量有用信息的丢失。

（4）在项目运行期，积累到新的信息，但这些信息仍然以纸张保存或存在于设施管理人员的头脑里，没有和前一阶段的信息进行集成，信息的可再利用性极差。

因此，传统的项目信息创建和传递方式带来了低效率和浪费现象，使建设工程全生命周期信息在各个环节的传递过程中不断地流失，尽管这些信息在设计阶段就已经以数字化的形式存在，如项目空间信息等，但当信息转变为纸介质形式后，有价值的信息就流失了，从而造成同一个项目需要不断重复地创建信息。

3. BIM 技术在我国的应用现状分析

BIM 技术在我国建筑业中的应用尚处于起步阶段，大部分使用了 BIM 技术的项目都是较大型的政府工程项目，如上海世博会、北京奥运村空间规划等，取得了很好的结果。但总体而言，BIM 在建筑业中的应用并不广泛，其推广主要受限于行业环境和政策环境的不成熟。

BIM 技术应用的范围比较广，类型也比较多，诸如 BIM 建模、管线设计等。但国内很多建筑单位在使用这种技术时都停留在表面层次，甚至有些单位纯粹为了噱头，根本没有掌握 BIM 技术的核心，从而使得我国在建筑方面对 BIM 技术的应用比较落后，图 6-9 展示了国内 BIM 技术的应用情况[16]。

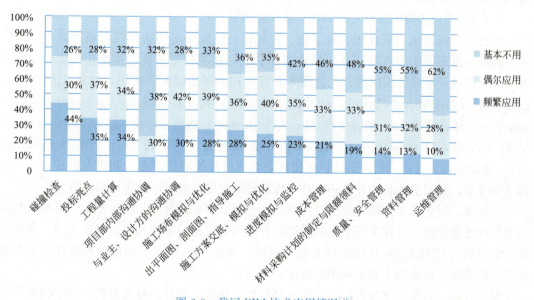

图 6-9 我国 BIM 技术应用情况[16]

6.2.2 建设工程项目传统信息管理模式存在的问题

传统的项目管理模式中，建设项目管理的各个阶段通常相对独立，信息沟通效率低，这给业主或运营方带来许多麻烦。从信息管理的角度来看，分裂的项目管理阶段，项目信息难以真正共享，信息的传递和使用效率十分低下，项目参与各方各自为政，难以通过共同的建设目标来完成开发，从而节约社会资源，实现项目运营目标的最优化。概括而言，传统的信息管理模式存在以下弊端：

（1）传统的管理模式中各管理阶段的独立管理，缺少对建设项目真正从全生命周期角度进行分析，不可能实现所谓的全生命周期目标。

（2）全生命周期不同阶段用于业主方（运营方）管理的信息支离破碎，形成许多信息孤岛，决策和实施阶段生产的许多对物业有价值的信息往往不能在其他阶段被直接准确的使用，造成很大的资源浪费，不利于全生命周期目标的实现。

（3）适用于项目各阶段的信息系统为各自的管理目标服务，建立在不同的项目语言和工作平台之上，难以实现灵活、有效、及时的信息沟通。

（4）建设项目在建设过程中产生的信息量是惊人的，没有有效的信息沟通方法和手段，项目参与方往往淹没在信息海洋中，一方面造成不必要的信息过载，另一方面却存在有效信息的短缺，从而影响项目的顺利实施。

（5）在传统的工程建设中，信息的保存方式是以纸张为主，即使有单位应用计算机进行一定程度的信息处理，其传递方式仍然通过纸张形式，由于在项目参与单位之间需要进行庞大的信息交换，因此会产生大量的文件、图纸，其直接的表现就是纸张泛滥，存储、保管和查询困难，效率低下。

（6）工程项目的成功建设需要借助大量的外部资源，所参与的单位可能存在地理位置上的距离。传统的信息传递方式通常通过书面意见、专人派送等方式进行交流反馈，耗费时间，造成信息传递内容的延误，影响决策并提高了成本[5]。

6.2.3 建设工程项目全生命周期信息化管理的目标

新技术（网络化、信息化、数字化、智能化）的发展对传统建筑行业的影响是巨大的，传统的管理模式面临着信息化的机遇和挑战，如项目复杂化、智能化和集成化发展等。面对建筑业所面临的挑战，先进技术和管理理念逐步研究和应用，如从CIM（Computer Integrated Manufacturing，计算机集成制造）到CIC（Computer Integrated Construction，计算机建造）、精益生产（Lean Production）到精益建设（Lean Construction）、VMT（Virtual Manufacturing Technology，虚拟制造技术）到VC（Virtual Construction，虚拟建设）等，人们逐渐认识到建筑业必须对传统的生产方式和组织方式进行一场深入的变革，通过引入新的方法和工具对传统建筑业进行根本性的重构和改造。

一方面，行业需要正确理解信息再利用的价值，"一次创建，多次使用"是提高数据有效性的重要原则。建设工程全生命周期信息的再利用包括纵向和横向两个方面，即在其他各阶段的再利用以及对其他项目上的再利用，如图6-10所示。纵向再利用体现更多的是信息的特征，而横向上则是知识的特征。

另一方面，行业需要注重信息的集成和共享。传统的项目信息管理模式中建设项目管理的各阶段相对独立，信息沟通效率低，尤其是施工完成后到运营维护阶段信息丢失最为严重。此外，由于设计和施工信息的分散管理也致使信息出现大量冗余，甚至信息垃圾，人为地造成了信息生态的破坏[17]。建设工程全生命周期信息集成的目标是减少多余的信息，同时保证界面间信息的不遗漏传递，净化项目信息生态，以辅助决策、计划、实施和控制。

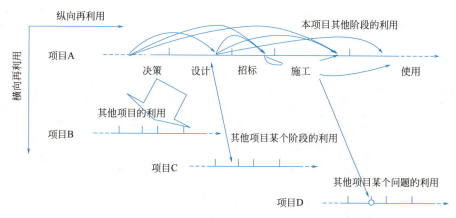

图 6-10 类似建设工程项目全生命周期信息的再利用

6.3 BIM 在建设工程项目全生命周期管理中的应用

建设项目全生命周期管理，从建设项目阶段分析，主要包括前期策划阶段、方案与设计阶段、施工准备与施工阶段、竣工验收与移交阶段、运营维护阶段等。加强信息化工程管理，严格信息化工程管理和监管工作，实现工程全生命周期信息化管理，项目的各参与方需妥善协调，借助 BIM 技术完成各阶段的任务，如图 6-11 所示。

6.3.1 规划决策阶段

建设项目前期规划决策阶段的工作，包括对项目运作方案的选择进行构思、规划、论证和比较选择等一系列过程。经验表明，在项目前期较大的投入往往会带来项目运作期间的较小风险和成本。因此，前期需要获取大量的信息和资料，对所要获取和产生的项目信息进行分析和有效的管理，是提高业主方管理层的工作效率和可靠度的重要工作。通过 BIM 技术，建设单位、咨询单位和设计单位等各相关方可直观了解拟建项目的总体情况，针对建设项目方案进行分析、模拟，开展全生命周期成本分析以及各备选方案的全面预测评价，结合 BIM 历史数据库中相似工程信息，选择合适的估价模型估算全生命周期成本，从而为整个项目的建设降低成本[18]。

1. 场地分析

在决策阶段，场地的地貌、植被、气候条件都是影响场地布置的重要因素，需要进行详尽地评价及分析。以吉林省长春市东方广场城市综合体项目为例，该综合体位于长春市二道区，南起合肥路，西临洋浦大街。总建筑面积 88175.68 m^2，为一类综合楼，主体 26 层，地下 2 层，建筑高度 98.7m，建筑结构形式为钢筋混凝土框架，建筑结构的类别为 3 类，合理使用年限为 50 年，是集住宅、商业、酒店式公寓、五 A 级写字楼、五星级酒店于一体的大型城市综合体。以商业属性为其项目开发的根本点，影响决策的因素不仅有景观、日照等自然形态，还有其周边的商业环境、基础设施信息、交通流量、区域性的人口数量、市场整体租售状况等外部空间情况。

首先，利用 BIM 技术建立起工程项目初步构思的真实方位（由于存在大量可变因素，暂不具备建模条件，所以不对具体工程参数进行设置），输出"*.3ds"格式文件；然后，

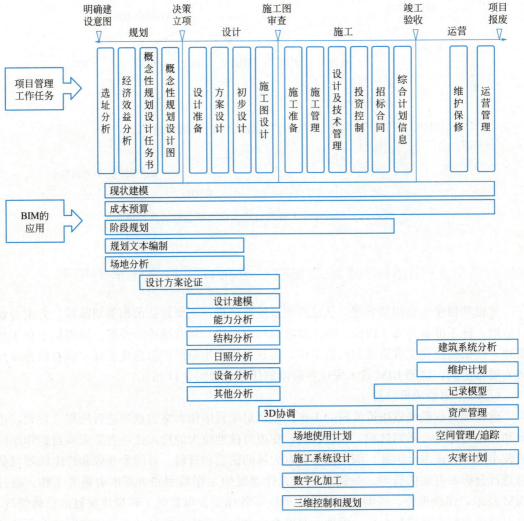

图 6-11 项目管理工作和 BIM 的应用

将"东方广场城市综合体.3ds"方位模型导入 Sketch Up,利用其与谷歌地球的兼容功能形成东方广场城市综合体实时实地的方位模型,其周边真实的市场环境、交通状况、周边商业建筑布局等即刻尽收眼底,并可进行实时漫游,使业主方表达和交流思想更加充分,对项目的判断更为明确高效,大幅缩减了决策所用的时间,同时避免了场地规划空间的浪费,保证了合理布局,并对项目主题定位、业态分布等的决策提供结论和建议。通过 BIM 技术协助场地分析,加快了决策速度,节约了时间成本。

2. 经济效益分析

决策阶段需要确定项目的投资,对不同建设方案进行造价估算。投资估算作为成本管理的主要文件,是工程项目可行性研究报告的一个重要组成部分。传统的投资估算由人工按照国家有关规定的工程指标和具体内容来进行估算,对人员的经验要求非常严格,其结果的准确性受人员影响较大;而且由于估算周期较长,估算过程中材料单价的变化会影响估算的准确性。而企业数据库中的 BIM 模型包含了工程的参数化信息[19],在投资估算时,成本估算人员通过构建初步建筑信息模型，调用与拟建项目相似工程的历史 BIM 模型，再根据拟建项目实际情况进行修改，借助精确 BIM 模型进行有依据的投资估算；结合实时更新的材料单价信息，动态控制材料单价。

3. 方案比选

投资方案的选择是决策阶段一项关键性工作，需要综合考虑工程量、成本、土建每平方米造价、安装每平方米造价等指标，以此确定最优方案[20]。传统投资方案的比选一般通过自行搜集成本指标和价格数据来进行项目成本的测算，准确性难以保证。而利用 BIM 模型可以对相似历史项目进行抽取、修改、更新，快速形成不同方案的模型，找出不同投资方案的优缺点，帮助项目投资方直观方便地进行方案比选。BIM 技术在前期决策过程中提高了决策效率和质量，对于节约前期成本投资估算发挥很大作用。

6.3.2 设计阶段

BIM 技术在设计阶段可为各专业设计提供共享操作平台，便于各专业的沟通协调，并且可提前发现各专业的设计碰撞问题，杜绝图纸问题引起的资源浪费与损失。BIM 技术在设计阶段的主要应用为协同设计、碰撞检查及管线综合等。

1. 协同设计

BIM 技术为协同设计提供技术支撑，通过协同设计可以使分布在不同地理位置的不同专业的设计人员利用网络的协同开展设计工作，能将各专业及多系统间独立的设计成果置于直观、统一的三维协同设计环境中，避免因误解或沟通不及时造成的设计错误，提高设计效率和质量。

（1）BIM 技术可搭建设计协同平台

BIM 技术通过建立设计方不同专业间沟通的共同语言，实现多成员、多专业、多系统在本地计算机上对同一 BIM 模型进行设计和更新，将原本各自独立的设计成果置于统一、直观的三维协同设计环境中，所有参建单位在授权的情况下，可随时随地获得项目最新、最准确、最完整的工程数据，从而实现成员间的实时数据共享，避免因误解或沟通不及时造成不必要的设计错误，增加后期返工成本[21]。

（2）BIM 可建立业主与设计方间的沟通语言

借助基于 BIM 技术简单易懂、可视化好、理解一致的沟通语言，业主方真正摆脱了技术壁垒的限制。利用 BIM 技术业主方可以进入虚拟建筑中的任何一个空间，在电子化的样板房中漫游，感受居室空间。在设计的前期就可以与设计方更清晰地沟通设计意图，并实时地对设计方案有比较直观具体的认识，而不必囿于图纸所展现的抽象、理想化的认识。

2. 管线综合和碰撞检查

建设工程项目中会涉及建筑、结构、通风、给水排水、电气等专业问题，而这些问题通常都由不同部门设计，因此在空间配置上常会发生设计冲突。另外，因图纸设计错误导致在施工过程中"错、漏、碰、缺"等问题亦是司空见惯[22]。《中国商业地产 BIM 应用研究报告 2010》通过调查问卷发现，43% 的施工企业遭遇过招标图纸中存在重大错误，改正成本超过 100 万元[23]。而基于 BIM 技术的设计过程可以利用系统和软件进行碰撞检查，系统整合所有专业，通过软件内置的逻辑关系自动查找出设计不合理的地方。利用 BIM 技术强大的碰撞检查功能，可以实时跟进设计，第一时间反映出问题，第一时间解决问题[24],有效规避项目后期可能出现的潜在问题,起到对设计优化的作用,提高图纸质量,从而达到保障施工周期、节约成本的目的。

利用BIM技术可把项目各专业模型整合在一起,提前找出各专业空间上的碰撞冲突,形成包括具体碰撞位置的检测报告,并在报告中提供相应的解决方案,在施工之前解决设计方面的问题,确保设计的可建造性,减少返工。同时,在对一些建筑图纸的设计过程中,利用可视化技术还可以加快施工图纸设计的变更速度,并且可以快速检测设计中的错误,以期降低建筑工程中设计与施工成本,提升经济和社会效益[25]。

3. 编制设计概预算

建设工程项目设计概预算是考核项目经济合理性以及进行全生命周期成本管理的依据。而工程量统计又是设计概预算的基础性工作之一,其准确与否对于成本管理具有重要意义。在目前普遍使用CAD作为绘图工具的情形下,工程量统计需要人工根据CAD图形重新进行计算和统计,其结果的准确性很大程度上取决于概预算人员自身的专业性。数据显示,工程量统计会用掉设计概预算编制工作50%~80%的时间,并且其准确性难以保证[21]。

BIM模型是一个富有信息的项目构件和部件数据库,利用其强大的计算功能,可以迅速提供设计概预算所需要的各种数据,从而大大减少根据图纸人工统计工程量的烦琐工作以及由此引起的潜在错误,为建设工程设计活动的成本管理提供了更全面、更可靠的数据依据。而且为配合各方需求,还可以根据不同的规则出量。

6.3.3 施工阶段

施工阶段是工程实体的具体实现过程,主要涉及的项目参与方包括政府有关部门、监理单位、施工单位、材料设备供应单位等。这一阶段的工作主要有:依法进行招标发包工作,优选承包单位,签订承发包合同;公司工程管理部门或外聘监理管理项目实施;最后进行竣工验收等工作。在施工阶段利用BIM技术,不仅能有效控制建设工程项目的质量、进度和成本,而且能促进项目各参与方的有效协同,避免因理解误差而导致资源浪费及工程返工,从而保证施工的顺利进行。

1. 质量监控与管理

由于BIM模型包含材料和设备规格型号、性能、构件属性、价格及厂家等信息,因此,项目管理部门、材料设备采购部门及施工部门等通过BIM模型能快速查询所需采购材料设备信息,方便检查材料设备是否符合要求,以实现施工材料的质量控制。在施工现场质量管理方面,可整合BIM模型及无线网络技术,将现场施工照片上传到BIM系统,供建设单位、监理单位、项目管理单位等相关部门随时掌握施工现场情况,实现施工现场的远程监控。特别是对于重点部位、隐蔽工程等部位,可以文档、照片等形式与BIM模型相对应的构件进行关联,使相关管理人员更好地了解现场情况,以提高施工现场的质量控制。

2. 施工进度计划与控制

基于建设工程项目BIM模型,结合工程整体施工方案和进度计划,将空间信息和时间信息整合在一个可视的4D模型中,可以直观、精确地反映整个工程项目的施工过程。4D信息技术可实时记录施工人员、材料、机械等各项资源的信息,对整个工程的施工进度、资源进行统一管理和控制,以有效控制施工进度和实现资源的合理配置。通过4D信息技术可直接对计划工期与实际工期进行对比分析,了解实际工期和计划工期的偏差,及时进行纠偏处理并对进度计划进行实时调整。

3. 成本实时监控与管理

利用BIM5D模型可以真实地提供工程造价所需要的工程量信息,大大提高工程量计算的准确性和效率,并结合施工进度信息,实现成本精细化管理和规范化管理。此外,BIM5D技术还可以对施工人员、材料、机械、设备和场地布置进行动态集成管理,以及施工过程的可视化模拟,最大限度实现资源合理利用,以确保效率最大化,实施成本有效控制。同时,通过构建的BIM模型,结合数字化构件加工设备,实现预制、预加工构件的数字化精确加工,通过精确排料、优化下料,减少材料损耗,有利于成本控制。

4. 协同管理

BIM信息模型集成了建设项目各专业三维模型、图纸信息、进度信息、工程量信息和设备信息等内容,通过BIM技术建立单一的工程数据源,工程项目的各参与方均使用同一数据源信息,在同一管理平台上进行工作,有效地实现项目各参与方及各专业间的集成化协同管理,充分提高工程信息数据共享,并且在每一个环节所形成的数据信息作为下一个工作环节的基础,确保信息数据的准确性和一致性,实现项目各参与方的信息交流与共享,大幅提升沟通效率。

6.3.4 运营维护阶段

项目在竣工后即进入运营维护阶段,在使用生命周期内,建筑物与设备都需要不断维护。通过BIM模型及运维管理系统可实现项目资产由建设期至运维期的无缝交接,为项目的运营维护提供详细的数据信息。运营维护管理平台将BIM信息数据与维护管理计划进行关联,实现项目物业管理与楼宇设备的实时监控管理[26]。

通过实时监控设备的运行参数及维护信息判断设备的运行状况,结合BIM的空间定位和信息记录功能,制定行之有效的维护计划,减少设备发生故障概率,降低运营维护成本。BIM技术还可根据设备的运行参数进行能耗分析,实现节能控制。同时,通过对现有空间的使用情况进行分析,合理分配建筑物有效空间,确保空间资源利用的最大化。

6.4 案例分析

6.4.1 项目介绍——上海中心大厦

1. 项目概况

上海中心大厦是目前世界上已建成的第三高楼,位于上海陆家嘴金融中心,2008年11月29日,上海中心大厦进行主楼桩基开工。2016年3月12日,上海中心大厦建筑全部完工。Z3地块,总高度632m,建筑面积57万m^2。其中,地上建筑面积41万m^2,有121层,包含裙房和分为九个区段的塔楼,地下则有5层。该项目的方案初步设计、施工图设计分别由美国设计公司Gensler、同济大学建筑设计研究院(集团)有限公司承包。

上海中心大厦是一座集观光、办公、零售、酒店、餐饮等多功能为一体的垂直社区。此外,上海中心大厦是国内第一座获得国家绿色三星级认证和美国LEED-CS2.0金级认证的绿色超高层建筑,采用了变风量空气调节技术、地源热泵技术、涡轮式风力发电技术等40多项绿色建筑技术,综合节能率可达54%,每年可以节约能源成本1930万元(人民币），成本节约率达25%。见表6-4。

采用的部分绿色建筑技术及其效率[27]　　　　　表 6-4

技术名称	节约效率
变风量空气调节技术	空调风机的电力消耗全年平均可降低50%以上
地源热泵技术	地源热泵比传统空调系统运行效率要高40%，地源热泵的污染物排放与空气源热泵相比减少40%以上，与电供暖相比减少70%以上
涡轮式风力发电技术	每年为大厦提供54万kWh的绿色电力

2. 项目的困难与挑战

（1）项目参与单位多，协同难度大

由于上海中心大厦建筑结构复杂、项目参与方众多，其下设计团队30余个，施工分包队伍、供货队伍更是十分庞大，信息的及时沟通反馈难度大，使得整体的协同工作面临巨大挑战。

（2）分支系统复杂

上海中心大厦项目是一个复杂的超高综合体，它内含8大建筑功能综合体系、7种结构体系、30余个机电子系统、30余个智能化子系统，系统之间的关联十分复杂，海量信息共享传递困难。

（3）目标管理难度大

上海中心大厦项目预算投资额148亿元人民币，投资额巨大，使得各参与方必须通过有效的控制方法和手段进行成本管理。另外，项目的预期施工周期为73个月，对于各参与方，完成这样具有超高复杂性和创新性的超高层建筑是一次全新挑战。同时，上海中心大厦应用了许多创新的设计理念和技术，如冰蓄冷、三联供、地源热泵、风力发电、中水、智能控制等[27]，施工管理要求进一步提高。因此，利用BIM技术并采取相应的管理模式，成为解决上海中心大厦项目建设困难的关键。

6.4.2 管理模式的选择

目前的BIM应用多在项目的设计阶段和施工阶段，BIM的应用效果没有发挥到最大。因此，上海中心大厦项目建立了一种"建设单位主导、参建单位共同参与的基于BIM信息化技术的精益化管理模式"，实现参建各方（尤其是建设单位）对工程项目进行有效管理[27-29]。

项目参建各方将项目相关信息储存在公共的BIM数据平台中，通过虚拟平台形成一种精益化的管理模式，实现信息在规划、设计、建造和运营维护全过程的充分共享和无损传递，实现成本最小化目标。见表6-5、图6-12。

BIM应用模式及效果[27]　　　　　表 6-5

功能和效果　　BIM应用模式	使用范围	效果	应用程度
设计单位驱动模式	设计阶段	最小	最广泛
承包单位驱动模式	设计阶段、施工阶段	较大	较少
建设单位驱动模式	设计阶段、招标阶段、施工阶段、运维阶段	最大	设计阶段较多其他阶段较少

6.4 案例分析

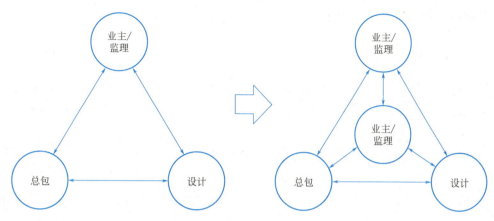

图 6-12　基于 BIM 数据平台的精益化管理模式[27]

6.4.3　BIM 技术在上海中心大厦中的应用

1. 策划阶段

（1）BIM 项目组织架构

针对基于 BIM 技术的建设单位主导、参建单位共同参与的管理模式，各参与单位也在招标内容的要求下，分别组建了其 BIM 工作团队，对 BIM 模型进行创建、更新及维护，并基于模型进行各种模拟应用，最终按照验收标准交付模型及相关成果。如图 6-13 所示。

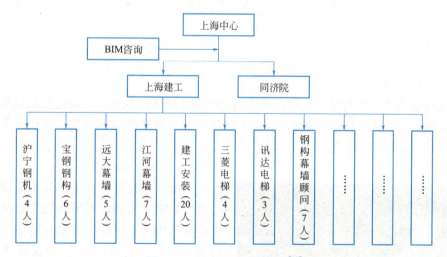

图 6-13　BIM 项目组织架构[27]

（2）BIM 管理架构及管理流程

在 BIM 技术应用上，各参与方针对本项目的特点制定了 BIM 技术框架，在设计、施工、运营等不同阶段，应用不同的软件技术手段满足项目的不同需求。同时在项目的整体实施过程当中，应用专业的协同管理平台进行项目协同管理，使得各种技术资料得到有效汇聚，达到技术资料应用的有效性、唯一性和完整性，同时实现各部门数据的同步性[30]。

依靠此平台，项目各参与方可以做到线上数据浏览、下载、修改、上传等各项工作。并且与 AutoCad、Revit 系列软件高度契合，具有综合性数据管理功能。利用其良好的数据跟踪功能，还可以控制及观察平台内资料数据流动来源去向、数据网络同步，更有利于项目数据的更新。如图 6-14 所示。

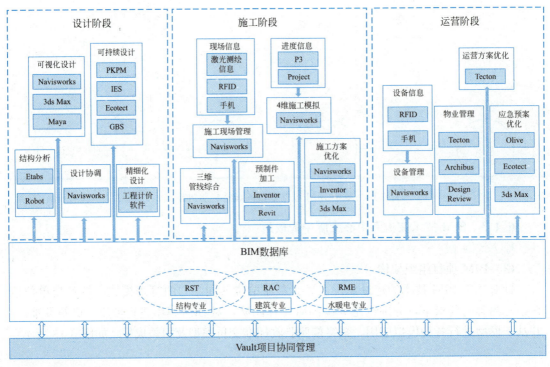

图 6-14　BIM 管理架构及管理流程[30]

2. 设计阶段

（1）可持续设计

建筑性能是决定超高层建筑内在质量的关键综合指标，尤其体现在建筑的结构效率和可持续策略方面。设计团队通过相关 BIM 软件和技术对建筑的风环境、节能、采光等方面进行了设计、模拟和优化。

1）风环境设计

上海中心大厦与金茂大厦和环球金融中心形成品字形布局，对风环境设计模拟提出了严格的挑战。设计团队通过流体力学软件分析，确保人行区场地各季度风速都低于 5m/s。如图 6-15 所示。

2）采光设计

上海中心大厦在保证合理节能的基础上，充分利用日光照射满足大厦地上部分采光需求，通过软件数字模拟，自然光照能够满足约 89% 的上海中心大厦地上部分的采光需求，同时，地下一层有 38.1% 的区域采光系

图 6-15　风环境模拟[30]

数大于1%,地下二层有19.7%的区域采光系数大于1%。如图6-16、图6-17所示。

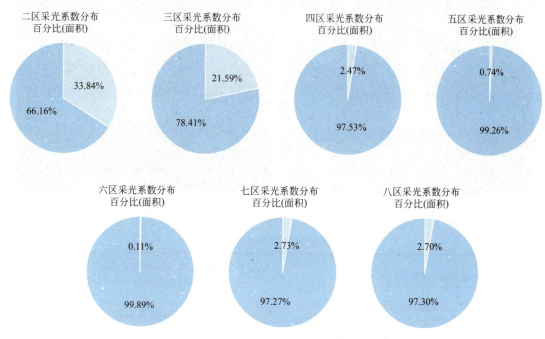

图6-16 室内自然采光模拟[30]

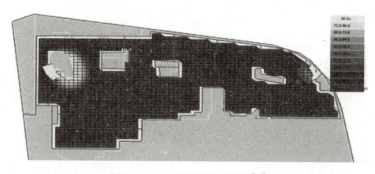

图6-17 地下自然采光模拟[30]

3）光污染分析

上海中心大厦地处陆家嘴金融中心,四周办公、商业高楼林立,将大楼的光污染影响降至最低极为重要。通过软件动态模拟,查找光污染辐射区域,采取相应的解决措施。如图6-18所示。

(2) 碰撞检查

碰撞检查对项目成本控制的作用主要体现在以下几个方面:

1) 碰撞检查对成本控制的直接作用

上海中心大厦项目在设计阶段根据历史项目的经济指标数据,参照项目自身的碰撞数量,预计采用BIM信息化技术后节约的费用在0.74亿~3.6亿元之间,考虑到项目复杂程度及项目体量大小,初步估计该工程能节约由于施工返工造成的浪费至少超过1亿元人民币。见表6-6所列。

 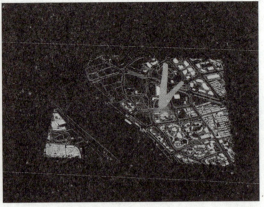

图 6-18　光污染分析[30]

BIM 技术经济指标[30]　　　　　　　　　　　　　　表 6-6

项目 BIM 技术经济指标(参考标准)			上海中心大厦项目 BIM 经济指标估算结果 (按照碰撞数的参考单价)	
类型	直接施工处理单价(元)	类推	面积	数量
板结构开洞	2600		样板层 9F 面积	4656.1m²
封堵结构洞口	19800		样板层 10F 面积	4648.4m²
墙、梁结构开洞	5400		样板层总面积	9304.5m²
管道结构开洞	1600		上海中心总建筑面积	570000m²
总碰撞数	8400		样板层总碰撞数	1013 个
总价	1000 0000		参考平均价	1190.48 元
平均单价	1190.48		样板层总价	120 5952.38 元
			上海中心技术经济指标总价	7387 7463.29 元

上海中心大厦项目 BIM 经济指标估算结果(按工程变更费的比率)	
上海中心总造价	120 亿元
变更比率	3%(一般 3%~5%)
变更费	3.6 亿元

2) 碰撞检查对成本控制的间接作用

节省了碰撞检测过程中的人力投入，使得设计师可以投入更多精力优化建筑结构、提高建筑性能，有利于降低建筑运营维护阶段成本。

3) 碰撞检查对工期控制的作用

由碰撞引起的变更和返工，是导致工期拖延的重要因素之一。基于 BIM 技术，可以预先对建筑项目的管道、机械运行空间进行碰撞检测，还可以进行施工 4D 模拟，寻找出可能的干扰情况，从而修改和优化施工组织方案，保证工期的顺利进行。

3. 施工阶段

(1) 塔式起重机运行分析

借助 BIM 技术，管理人员可以通过 3D 视角模拟和计算 4 个塔式起重机的工作状态，通过建立模型，计算设备之间的极限状态。将模拟结果整理成培训资料，操作人员就能够统一协调，保证塔式起重机的顺利安全运行。如图 6-19 所示。

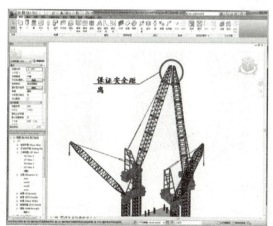
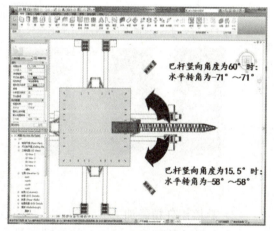

图 6-19 塔式起重机施工状态模拟[30]

（2）施工进度模拟

在 Revit 3D 模型的基础上，通过 Navisworks 进行 4D 模拟（施工进度模拟），包括钢结构安装、墙体施工、设备安装和调试等方面的内容。经检测，由于核心筒的钢结构施工过快，使其高度高于同时间的塔式起重机高度，影响了塔式起重机的正常运行。BIM 团队随即对施工组织方案进行了修改，优先完成塔式起重机安装周围的钢柱结构，之后再安装核心筒的立柱。如图 6-20 所示。

（3）幕墙供应链管理

1) 幕墙模型深化设计

通过 BIM 模型的数据导出功能，结合数据分析软件，并充分考虑建筑形态设计原则，对幕墙组件的种类和尺寸进行优化，将幕墙偏差控制在 2mm 之内，并尽可能地减少组件种类，最终将组件减少至约 7000 种。如图 6-21 所示。

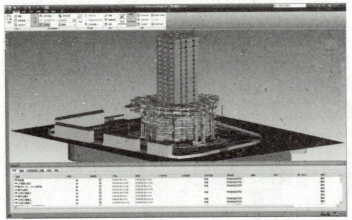

图 6-20　4D 施工模拟[30]

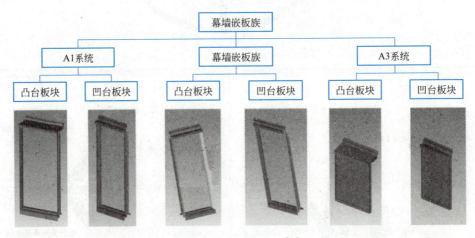

图 6-21　幕墙嵌板族[30]

2）幕墙组件精确加工

基于 BIM 的幕墙组件加工的关键点是：控制组件的组装精度，降低返工率，从而保证施工进度的顺利和施工成本的降低。上海中心大厦通过两个措施保证了组件加工的精确度，第一是通过 BIM 软件向供应商导出组件的精确信息，第二是通过预拼装检验组件的精确度。

本项目中，专家解决了 BIM 信息文件转换的系列难题，成功实现了将幕墙 BIM 模型中的数据信息直接输入给加工制造商的数控技术。幕墙组件完成加工后，借助激光扫描和相关测量设备高效地对组件进行测量，生成电子模型并与幕墙 BIM 模型中相对应的模块进行比对，从而在实际组装之前便对组件进行了预拼装，确保了组件的精确度。如图 6-22 所示。

3）幕墙组件协同组装

幕墙组装过程中，总承包商、幕墙加工商和监理在每完成一层幕墙安装之后，便独立进行相关的数据测量，并分别录入幕墙 BIM 模型之中进行比对，对发现的问题及时加以解决。这些措施使得幕墙组装过程中的问题能够尽早被发现，避免后期项目各参与方出现扯皮和推卸责任的冲突与纠纷，促进了项目各方的协同施工。如图 6-23 所示。

6.4 案例分析

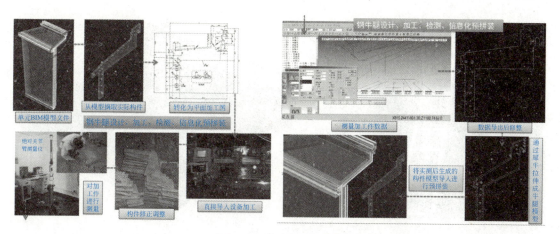

图 6-22 幕墙预拼装[30]

图 6-23 幕墙安装模拟[30]

4) 钢结构供应链管理

上海中心大厦项目通过 BIM 数字化技术,将钢结构实际坐标与模型坐标比对,在安装之前就确保钢结构组件的精确性,取得了显著的效果,整个工程中浪费的钢结构材料控制在了 2t 以内。如图 6-24、图 6-25 所示。

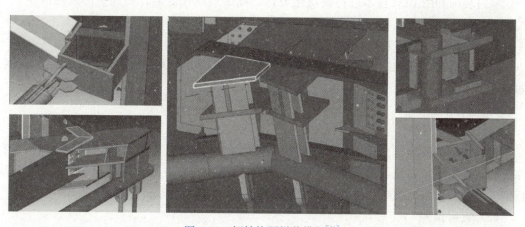

图 6-24 钢结构预拼装模拟[30]

第6章 BIM在建设工程项目全生命周期管理中的应用

图 6-25 钢结构精确加工[30]

5) 机电安装管理

机电专业利用BIM技术进行深化设计、预拼装，提高机电深化设计和加工、安装的质量与效率。如图6-26所示。

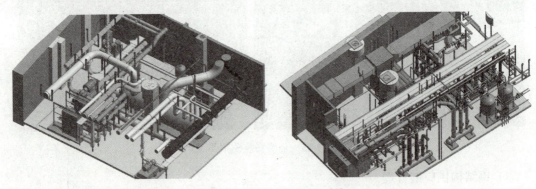

图 6-26 机电设备预拼装[30]

6) 室内装修管理

室内装饰利用BIM技术进行模块化设计，减少现场作业量，提高室内装修的质量与效率。如图6-27所示。

7) 结合三维激光扫描的现场监测

BIM结合三维激光扫描对施工现场进行竣工验收，节省人力成本，提高检测精确度。如图6-28所示。

4. 运维阶段

(1) 信息化运维

将运营维护系统与BIM数据库相结合，能够充分发挥BIM技术的空间定位和信息存储优势，提高整个建筑运营管理的信息化水平，通过安排专业人员定期检测重要设备的运行情况，做好设备的维修和更新，使大厦保持最经济的运营状态。如图6-29所示。

(2) 灾害预警

上海中心大厦借助BIM技术和灾害模拟工具，预测灾害发生原因并制定预案。同时，

6.4 案例分析

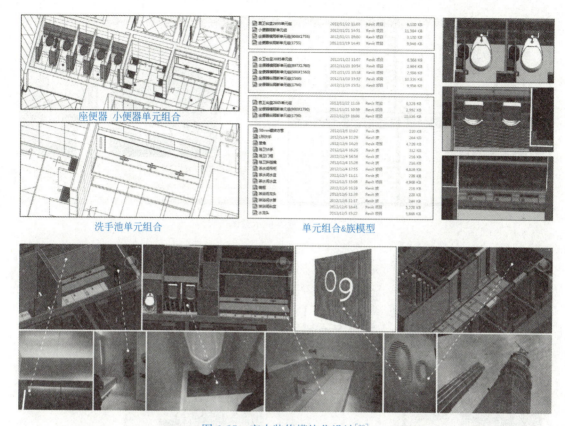

图 6-27 室内装修模块化设计[30]

图 6-28 三维激光扫描监测现场[30]

成熟完善的 BIM 数据库，保证了一旦灾害发生，能够第一时间向救援团队提供灾害部位的完整信息，为灾害抢救提供可靠的技术支持。如图 6-30 所示。

5. 上海中心大厦项目实施过程中 BIM 技术在造价管理方面的应用

（1）工程量计算和材料用量计算

上海中心大厦项目建筑体量大，楼层多，专业工种多，土建各构件扣减关系错综复杂，房间装饰各异，工程量统计工作繁杂，传统手算列表分类汇总十分麻烦。利用 BIM 软件能够精确计算包括土建工程、钢筋工程、机电安装工程、钢结构工程在内的多个分部

第6章 BIM在建设工程项目全生命周期管理中的应用

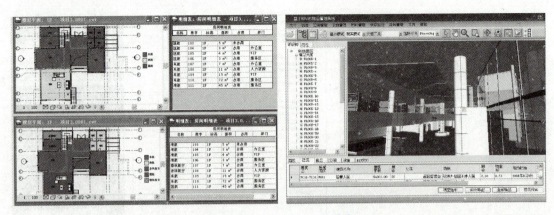

图 6-29 运营维护示意图[30]

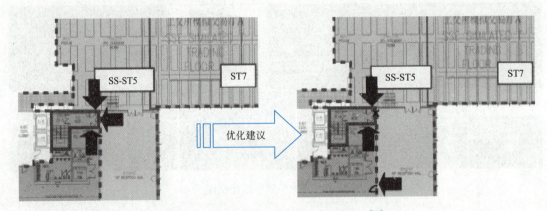

图 6-30 人员疏散逃生线路选择及优化[30]

分项工程的工程量,统计准确、精细无误。

(2) 变更管理

根据工程变更指令,只需直接在 BIM 模型中修改图元属性、位置、做法,利用 BIM 变更管理功能,就可自动计算汇总变更前后工程量差值,同时自动生成变更前后两份文件;为了更好地管理这些设计变更,对每次设计变更的 BIM 文件进行编号,直到项目竣工完成,这样可以为查找以及资料存档提供便利。同时,在这种管理模式下,BIM 模型的实时动态更新,也为将来结算做好了准备[24]。

(3) 工程款交付

实施过程中,根据工程监理审定批复的工程形象进度,在 BIM 软件里选定对应当月完成的进度,设置输出报表范围,根据报表输出的工程量,快速审核施工单位工程进度产值。在阶段性与施工单位对量过程中,利用 BIM 算量软件,充分发挥三维可视化优势,三维自动化扣减精准,以致施工单位不会出现虚报工程量的情况。

6.4.4 BIM在上海中心大厦项目管理中的优势

1. BIM 技术的应用能显著提高施工效率

随着 BIM 技术在上海中心大厦项目中应用范围及应用深度的不断加大,项目各阶段、各专业都取得了明显的效果。在外幕墙专业方面,实现了基于 BIM 的设计、加工、现场联动方式,绘制加工图效率提升200%,加工图数据转化效率提升50%,复杂构件测量效率提高10%;在机电专业方面,利用BIM技术,减少60%的现场制作量,减少90%的焊接、胶粘等危险和有毒有害作业,实现70%的管道制作预制率。而在室内装饰方面,从模块化、工厂化的角度出发,结合BIM技术特点,大幅提高了室内装饰的工作质量与工作效率[25]。见表6-7。

BIM对部分专业工作效率的提升[25]　　　　表6-7

专业	效果提升
外幕墙专业	加工图效率提升200%
	加工图数据转化效率提升50%
	复杂构件测量效率提高10%
机电专业	减少60%的现场制作量
	减少90%的焊接、胶粘等危险和有毒有害作业
	实现70%的管道制作预制率

2. 结合BIM对成本管理的改进

BIM技术应用于项目成本管理,将节省一部分原来用于项目管理的可观成本,将其变为项目收益。本项目将工程建设因技术和管理效率的提升而产生的利润在建设单位和各参建单位之间进行合理的再分配,并将其写入合同文本中,极大地激发了项目各参建单位应用BIM技术进行项目管理的积极性,形成不断优化的良性循环。如图6-31所示。

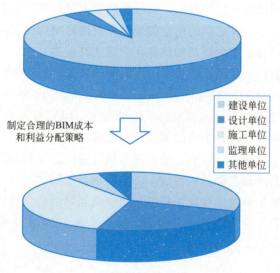

图6-31　利益再分配促进BIM应用[30]

6.4.5　BIM应用仍存在的问题及解决措施

1. 模型数据格式众多

上海中心大厦目前在BIM技术的应用上已经采用了超过10款软件,而每一款软件都有自己的数据格式。因此,在软件之间进行无损的数据互导以及模型整合上存在一定的难度。尽管多数软件都是用国际推广的IFC格式,但转换中依然会出现信息丢失、甚至构件缺失的状况。因此应针对这些问题寻找解决方案，通过二次开发的方式来弥补模型信息缺失的缺陷。

2. 模型文件容量大

随着项目的规模越来越大，模型的深度和精细度越来越高，模型文件的容量也变得越来越大。最明显的特点就是模型文件打开的速度越来越慢，可操作性变得越来越差。因此，在项目实施前就需要对项目模型文件做合理的区域划分。

3. 模型重复使用率低

设计阶段向施工阶段过渡时，原模型建模深度和范围已不足，需要由施工单位对模型进一步深化。但原模型创建标准可能与施工模型要求不符，导致施工单位自行依照设计图重新创建模型，而设计模型被废弃，使用效率低。因此，在项目前期需要对 BIM 模型的建模规则、建模范围、建模深度做有效的规范，同时建立行之有效的审核机制，确保模型及信息能够被有效地使用。

4. 构件属性信息不完善

大部分的模型构件信息均为软件自带的默认信息，其所包含的信息内容远达不到后期运维的应用需求。因此需要考虑在项目不同的阶段明确模型构件信息的内容，信息录入及维护的责任主体，构件信息的存储、调用方式，以及对信息的编辑、备份管理等。

6.5 本章小结

工程项目的建设周期长、过程复杂，期间伴随着大量的项目信息产生。同时，建设项目的参与方众多，项目参与方之间的信息沟通效率直接影响到项目的进展和决策的准确执行。因此，建设工程项目全生命周期的信息化管理尤其重要。

工程项目信息化管理在我国已经历了一段时间的发展，虽然取得了一定的成绩，但目前还存在许多问题。BIM（Building Information Modeling）作为一个全生命周期的项目信息化管理模型，目前在国内很多大型项目中得到应用。BIM 技术在建设工程项目的规划、设计、施工及运营维护管理等各个阶段都发挥着重要作用，它促使项目的各参与方在同一平台上进行交流与信息共享，能够有效地促进建筑行业信息化和现代化管理，实现协同管理，从而提高建设项目质量、降低项目成本、节约项目工期。

学习本章时，需要了解我国建设工程项目全生命周期信息化管理的现状，理解建设工程项目全生命周期信息化管理的概念及内涵，重点掌握 BIM 在建设工程项目全生命周期各个阶段中的应用。

思考与练习题

1. 简述什么是建筑信息模型（BIM）。
2. 简述建设工程项目全生命周期信息化管理的概念及内涵。
3. 简述建设工程项目全生命周期信息化管理的目标。
4. 谈一谈我国建设工程项目全生命周期信息化管理的现状和存在的问题。
5. 简述建筑信息模型（BIM）在建设工程项目各阶段的应用。

本章参考文献

[1] GOLDBERG H E. The building information model-Is BIM the future for AEC design?[J]. CADalyst, 2004, 21(11): 56-58.

[2] EASTMAN C. BIM handbook: a guide to building information modeling for owners, managers, designers[J]. Engineers and contractors, 2008.

[3] 卢勇. 基于Extranet的项目信息系统（PIS）的研究[D]. 上海：同济大学，2000.

[4] 刘伊生. 建设项目信息管理[M]. 北京：中国计量出版社，1999.

[5] 杨洁. 建设项目全寿命周期信息管理研究[D]. 南京：东南大学，2004.

[6] 梁世连. 工程项目管理学[M]. 大连：东北财经大学出版社，2011.

[7] KANG L, PAULSON B. Adaptability of information classification systems for civil works[J]. Journal of construction engineering and management-asce, 1997, 123(4): 419-426.

[8] C I I. ISO Technical Report: ISO/TR 14177[M]. 1994.

[9] 丁宇宏. 大型建设项目ProjectControlling信息处理规划的研究[D]. 上海：同济大学，1999.

[10] 李芸. 工程项目的信息系统[D]. 上海：同济大学，1999.

[11] Greenway consulting. Revolution and achievement: new practice and business models emerge in study of architecture[J]. Design and real estate, 2003.

[12] 李永奎. 建设工程生命周期信息管理（BLM）的理论与实现方法研究——组织、过程、信息与系统集成[D]. 上海：同济大学，2007.

[13] 黄华. 基于BIM的全过程造价确定方法[J]. 科技信息，2014（5）：215-216.

[14] 江波. 建筑信息产业化与BIM实践[J]. 城市建设理论研究（电子版），2013（15）.

[15] SVENSSON K. Integrating facilities management information[J]. 1998,

[16] 张海龙. BIM在建筑工程管理中的应用研究[D]. 长春：吉林大学，2015.

[17] 李永奎. 工程项目管理中的信息生态问题研究[J]. 项目管理技术，2004（8）：33-35.

[18] 李勇，管昌生. 基于BIM技术的工程项目信息管理模式与策略[J]. 工程管理学报，2012，26（04）：17-21.

[19] 周培康. BIM技术引发造价咨询行业的新变革[J]. 建设监理，2014（6）：5-7，10.

[20] 彭德艳. 浅论基于BIM的工程项目全寿命周期造价管理[J]. 长沙铁道学院学报（社会科学版），2013，14（01）：206-208.

[21] 张树理. BIM技术在工程项目全寿命周期成本管理中的应用[D]. 长春：长春工程学院，2016.

[22] 王成芳. 建设项目设计可施工性研究[J]. 建设监理，2006（3）：79-80.

[23] 中国房地产业协会商业地产专业委员会. 中国商业地产BIM应用研究报告. 2010.

[24] 李多贵. BIM在地铁工程的应用初探[J]. 工程质量，2013，31（10）：52-54.

[25] 杨力，王钊. BIM技术在建设项目全生命周期中的应用[J]. 绿色科技，2016（10）：248-250.

[26] 王廷魁，张睿奕. 基于BIM的建筑设备可视化管理研究[J]. 工程管理学报，2014，28（3）：32-36.

[27] 梅挺，呼晓波. 上海中心大厦[J]. 铁路技术创新，2014（5）：71-73.

[28] 张俊. 基于全寿命周期成本（LCC）的变电站建设的决策分析[D]. 重庆：重庆大学，2007.

[29] 葛清，张强，吴彦俊. 上海中心大厦运用BIM信息技术进行精益化管理的研究[J]. 时代建筑，2013（2）：52-55.

[30] 葛清. BIM在上海中心大厦建设中的应用[C].//崛起中的亚洲：可持续性摩天大楼城市的时代：多学科背景下的高层建筑与可持续城市发展最新成果汇总——世界高层都市建筑学会第九届全球会议论文集. 上海，2012：650-654.